偏的

独居生活

做工作，做自己

日本主妇之友社　编著

张　岚　王春梅　译

辽宁科学技术出版社

·沈阳·

U0511693

私らしく、働くということ

© Shufunotomo Co., Ltd 2022
Originally published in Japan by Shufunotomo Co., Ltd
Translation rights arranged with Shufunotomo Co., Ltd.
Through Shanghai To-Asia Culture Co., Ltd.

©2024，辽宁科学技术出版社。
著作权合同登记号：第 06-2023-171 号。

图书在版编目（CIP）数据

幸福的女子独居生活 / 日本主妇之友社编著；张岚，王春梅译 . — 沈阳：辽宁科学技术出版社，2024.5
ISBN 978-7-5591-3286-4

Ⅰ . ①幸… Ⅱ . ①日… ②张… ③王… Ⅲ . ①女性—生活方式—通俗读物 Ⅳ . ① C913.3-49

中国国家版本馆 CIP 数据核字（2024）第 005106 号

出版发行：辽宁科学技术出版社
　　　　　（地址：沈阳市和平区十一纬路25号　邮编：110003）
印　刷　者：辽宁新华印务有限公司
经　销　者：各地新华书店
幅面尺寸：145mm×210mm
印　　张：4
字　　数：150千字
出版时间：2024年5月第1版
印刷时间：2024年5月第1次印刷
责任编辑：康　倩
版式设计：袁　舒
封面设计：邱　寔
责任校对：韩欣桐

书　　号：ISBN 978-7-5591-3286-4
定　　价：38.00元

联系电话：024-23284367
邮购热线：024-23284502
邮　　箱：987642119@qq.com

目录

081　**第 2 章**
人气博主 8 人

到此为止和从此之后的工作琐事

愿闻其详！40 岁以后的创业生涯
如何寻找属于自己的工作方式

创业咨询师
中山 yuko 女士

与"想做的事情"相比，更应重视"可以做的事情"。
自己的武器，一定就在此前的工作和生活里。

日文版工作人员

文 本 设 计：高桥朱里

摄　　　影：土屋哲朗（p.8~31、p.44~67）

清永洋（p.32~43、p.68~80）

佐山裕子（主妇之友社）（p.116~119）

插　　　图：柿崎 yuuko（p.31）

HASINOTIDUKO（p.120~127）

D　T　P：松田修尚、铃木庸子（均为主妇之友社）

取材、文本：佐藤望美

编　　　辑：三桥祐子（主妇之友社）

第 1 章

那些备受瞩目的人

工作和生活

想保持与社会和他人的联系。
即便是钟点工也能感受到自身的成长。

钟点工、专栏博主   **01**

SYUKORA 女士

年龄：60 多岁
独居
住所：公寓

履历：
我经历了一段分居生活后离婚，目前单
独生活。从 60 岁开始经营自己的博客，
对自己的生活琐事笔耕不辍，现已成了
人气博主。出版了《58 岁开始，珍惜眼下、
享受生活》等作品。

我和工作

留意点

- 明确工作时间
- 既可以做书面工作，也可以完成自己想要做的体力劳动
- 了解经济形势和时事动态
- 获得成就感

神清气爽的退休生活，充分享受"可以停下来的自由"

57 岁退休以后，SYUKORA 女士开始从事钟点工的工作。"开始的时候每周工作 5 天，现在每周只工作 4 天。工作的时间变短了。过了 60 岁以后，体力忽然就发生了断崖式的下降。"

2021 年，SYUKORA 女士年满 65 周岁以后开始每月领退休金。每个月基本用不足 12 万日元的退休金维持生活，钟点工的工资收入就全部存起来。现在的心态就是"不用太计较钱多钱少"。这样一来反而精神得以放松，觉得自己随时可以停下手里的工作。以前总想着开始领退休金以后就辞职不干了，但后来在钟点工的工作里找到了乐趣，所以现在还在坚持。

工作给自己带来幸福，让生活变得充实。也正是因为手头上这份工作，才能跟社会的发展保持同步。按期完成工作以后，毫无疑问会有一种成就感。通过工作，能对当下的经济形势和前沿知识有所了解，还有机会跟各专业人士进行交流，这些对我而言都是很有意义的事情。

还没有决定要工作到多大年纪。"只要体力允许就一直干下去的心情和差不多就不干了的心情同时存在。两者难分伯仲，让我一直犹豫不决。目前，我还没来得及实现海外旅行的愿望，我想趁自己身体还行的时候，怎么也要出去看看。"

跟年轻人穿着一样的制服，开始的时候有点觉得不好意思。除了外套以外，休息的时候会把制服带回家洗干净。多亏了这套制服，省下了不少自己另外买衣服的钱。

因为钟点工的工作，第一次穿上了制服。已经习惯了跟年轻人一样身穿制服工作。

☺ 时间安排	
7:30	起床
	做便当、洗漱
9:10	上班
10:00	开始工作
12:00	午休（1小时）
16:00	下班
16:40	回家
18:30	准备晚餐
19:00	晚餐
	看电视、自由时间
22:00	上床读书
23:30	就寝

工作历史

32 ~ 42 岁

兼职时代

可以通过兼职工作努力赚钱的年代，
兼顾家庭和工作，每天都能感受到十足的干劲

　　我结婚之前，从事了 6 年办公室职员的工作，负责日常事务。因为结婚离职，但在小儿子开始上学以后重新走上了钟点工的道路。每周工作 3 天，"当时并没有说讨厌专职主妇的生活，只是想到外面接触一下社会。而且也不想一直依赖老公的工资生活，多少想通过自己的劳动赚点钱"。

　　当时的经济形势大好，所有参加面试的人都可以在公司报销因为面试而产生的交通费。最初从事的工作是制药公司的店员，主要工作内容是到各家药店介绍商品、帮助销售人员确认药品的库存等，基本上就是外勤的工作。"工作时间从上午 10 点到下午 2 点，可以直接到店，然后直接回家。之后也在其他公司工作过。因为按小时计酬，所以付出得越多，收入就越多。孩子慢慢长大以后，忙的时候我甚至会一直加班到深夜。看着在自己的努力之下，销售额提高，业绩变好，那种成就感难以言表。每天都干劲十足。"

43 ~ 56 岁　　　　　　　　　　　57 岁至今

分居，合同制员工→正式员工　　　退休，重新回到兼职状态

为了生活埋头工作的日子，
健康状况不佳以后决定提前退休

　　分居以后，为了照顾当时还在上高中的两个儿子，我每天都要往返于自己家和前夫家之间。当时希望有一份更稳定的工作，正巧在报纸的广告栏看到化妆品公司合同制员工的招聘启事，就去应聘了。入职以后，上门推销、赠送小样、拓展渠道等，什么样的工作都做过。这么说来，跟坐在办公室里一动不动的工作相比，我的性格倒是更适合到外面去跟人交流。业绩提升得比较顺利，入职 2 年后转成了正式员工。54 岁的时候开始担任营业所所长的职务。"但是对我来说，还是更钟情于外勤的工作。统筹管理那种内勤的工作性质，让我感到特别疲惫。所以，我就又重新回到了销售岗位。后来不久，因为压力和人际关系等问题，我得了带状疱疹。正好那时候，46 岁时买的公寓的贷款已经还完了，所以下定决心提前退休，不再继续等退休了。"

　　到求职网站上去看，50 多岁的人可以选择的余地和 60 岁以上的人可以选择的余地完全不同。早早离职，反而给我之后重新择业创造了更便利的条件。"正因如此，我才找到了现在还能继续就业的工作啊！"

人生的转折点

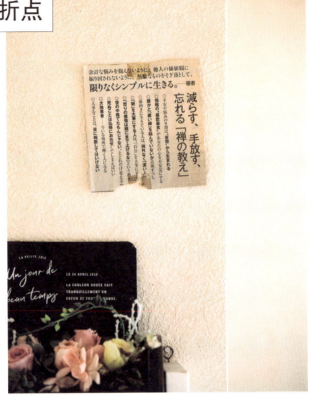

退休后的郁郁寡欢，在禅宗的真谛中得到了治愈

因为提前退休，所以退休金被扣掉了一部分。"明明是因为工作特别不开心才决定提前退休，可是之后大概后悔了小半年的时间。首先，是收入骤减带来的巨大不安。我总是拿之前的工作跟后来的钟点工的工作比较，比较之下就更加消沉了。"

这时候，偶然在一份报纸上看到了一个广告。"那是一篇宣传禅宗书籍的文章，其中'变大地为黄金'一句打动了我。那一瞬间，我忽然意识到自己应该成为闪闪发光的人。也是在那个瞬间，我察觉到自己的烦恼和不安当中，有 90% 都来自内心的妄想。直到今天，我还珍藏着那个广告。"

工作伴侣

办公桌上常备护手霜

考虑到对周围人的影响，工作中使用的护手霜不含任何香料。上图中的护手霜是在路边小店买的，质地清爽，涂完以后可以马上重新投身工作。私底下很喜欢香料的味道，比较偏爱 TOCCA 的护手霜。办公桌里还常备圆珠笔，用来记录出库明细。从正式员工的时代开始，就一直使用三菱的 Jetstream 圆珠笔。

午餐是沙拉或菜汤便当

工作日一定会自己带饭。为了在节约餐费的同时实现瘦身效果，夏季的时候是沙拉便当，冬季的时候是菜汤便当。前一天的晚餐多做一点，早起装进饭盒就好。吃之前稍微加热，非常方便。虽然食材和菜谱基本相同，但一直没吃腻。汤碗是 Alice 的产品，便当袋是 Daiso 的产品。

通勤包的第一要点是轻便

最近几年，固定的一款通勤包是黑色的尼龙单肩包。另外还要搭配一个用来装便当的手提包，所以通勤包不但要轻便，还需要能斜背在肩上。Prada 的单肩包是在网上拍卖中拍到的。便当包是 3coins 的产品。制服的马甲和袜子也都可以装在通勤包里。

我的治愈时间

回家以后看电视剧，切换自己的开关

下班以后直接回家，差不多 17 时左右到家。"吃晚餐还有点早，所以这时候我总是能看一个多小时的电视剧。"

不打开电视，就是拿着电脑坐在沙发上看。我喜欢甜点，所以甜点是必备的电视剧伴侣。优哉游哉的时候，我能感到无比的幸福。有时候忽然醒过来，发现自己已经不知不觉地睡了十几分钟。我觉得正是因为这段过渡的时间，才让我能从上班的状态切换到下班的状态。

电视剧伴侣。

在租赁录音棚练习钢琴

小学的时候学过一段时间弹钢琴。今年又重新开始练习了。其实，我早就计划过 65 岁不工作以后，要重新学习弹钢琴的事情。可直到现在我也在工作，实在等不及了，所以干脆现在开始就练习起来。虽然也想过在家弹电子钢琴，但是每个月到租赁录音棚练几次，已经十分快乐了。

睡前的日常读书

正式员工的时代，每天都太忙了，几乎没时间读书。重新开始钟点工生涯以后，终于有了时间，之后就一直在图书馆借阅图书。个人比较喜欢小说和散文，每晚都会卧在床上看一会儿书才睡。我总是能被书里的文字所打动。

博客是生活的一部分，按照自己的节奏持续下去

60 岁的时候，开始打造自己的博客空间。初衷是为了防止阿尔茨海默病，所以想每天敲敲键盘，记录一下日常生活。我自己也觉得坚持得不错，它现在已经成了我心中非常重要的一部分。托各位到访博客的读者们的福，我能在日常琐碎的事情当中找到很多乐趣，由衷感谢！有时可能因为太过忙碌停更，但今后一定会按照自己的节奏慢慢持续下去。

单身生活的理财观

用不足 12 万日元的退休金维持正常生活。
钟点工收入原封不动。

　　65 岁以后，开始领取每个月接近 12 万日元的退休金。SYUKORA 女士需要用这笔钱支付公寓物业费、维修基金、水电费、保险费、电话费等固定费用，以及预存每月的固定资产税。伙食费的预算，按照每个月 2 万日元来计算。在这些明确的支出项目以外，其他支出都被记录在预备金的项目中。"我已经放弃了家计簿，但是会把需要记下来的购物、外出就餐，还有最近特别贵的水电费记在本子上。"

　　从 60 岁开始，领取企业年金；从 65 岁开始，正式领取退休金。从那以后，SYUKORA 女士就把每个月的钟点工收入原封不动地存起来，作为今后生活的预备金。"从那以后，精神没有那么大的压力了。其实以前就按部就班地根据预算安排生活，所以现在的生活状态基本没什么变化。我从来没有想过要大幅度增加餐饮费，或者买些不符合自己身份的奢侈品。以后跟家人和友人的交往，基本上不会有什么变化，也就是偶尔外出聚餐享乐一下。要是需要服装和包，可以在网上寻找，这样能省下不少钱。我想在自己的小日子里，挖掘出更多简单的快乐。"

重点 1

提前还完房贷，不受现金流的束缚

说到如何在每月生活费不足 12 万日元的条件下维持正常生活，就不得不提到这间公寓了。我在 46 岁的时候购入这间公寓，靠着正常收入和每年的奖金，在第 10 年还完了房贷。那段时间，因为身负房贷，所以工作起来特别卖力。还完房贷以后，确定自己再也没有后顾之忧了，所以有了选择提前退休的自由。在我看来，房贷和借款大同小异。早点还完，早点给自己的养老生活做好铺垫，真是太好了！

资金计划

储蓄

- 完全退休后的生活费

预备金

- 住宅修缮费
- 家电更换费
- 旅费
- 疾病或受伤的治疗费

重点 2

理财的时候，要把储蓄和预备金分开管理

从正式员工时代的退休金里取出一半，直接存起来，作为完全退休以后的生活费。剩下的一半，用来做突然大额支出的预备金。假设家电忽然坏了，每月不足 12 万日元的生活费不够更换家电的时候，就会动用预备金。不能擅自动用老了以后的生活费，所以日常婚丧嫁娶的礼金，旅行、买包的钱都是从预备金里支出的。有了能自由使用的生活费，日常还要在省吃俭用方面加把劲儿。

因为觉得"擅长"和"喜欢"，
所以可以在身处逆境时坚持不懈。

插画师   **02**

柿崎 KOUKO 女士

年龄：50多岁
独居 +1 只猫
住所：租赁公寓

履历：
毕业后一直作为插画师从事工作。作品
刊登在杂志、书籍、广告媒体当中，独
立出版的插画作品集也广受好评。

我和工作

留意点

- 让擅长的事情和喜欢的事情成为自己的工作
- 可以在家自由地安排工作时间
- 可以拓展工作的可能性

工作就是生活的一部分，可以根据身心的状态，妥善地安排工作的节奏

作为自由职业者，从事插画创作以来，柿崎女士已经走过了 26 年的光阴。过了 50 岁以后，柿崎女士放缓了工作节奏，开始更加关注自己的日常生活。"虽然没有受雇于任何一家企业，但尽量保持在平日工作、周末休息的生活节奏。每天的日程安排大致相同，工作仿佛就是生活里自然存在的一部分，跟吃饭和洗澡一样稀松平常。如果这么说，工作也是我生活里不可或缺的一部分。"

对于柿崎女士而言，工作不仅支撑着经济来源，同时也是自己的精神支柱。虽然有过艰难的时期，但从来没有想过放弃插画创作的事业。"毕竟自己喜欢，我有幸让自己擅长的事情成了自己的工作。我觉得，没什么比这更幸运了。这么多年以来，我确实经历了不少浮浮沉沉，但正因为喜欢才能忍受那么多的不堪。幸运的是，快乐的感受要多得多。"

一个人生活，一个人工作。对于将来，"没什么想要隐居的念头。虽然我还想继续工作，但心里隐隐有种不安，觉得社会对我的需求很有可能越来越少。或者说，年纪大了早晚会出现心有余而力不足的时候。一旦陷入这种负面情绪，怕是就很难出来。所以我只能尽力做好万全的准备，让身心处于最佳状态，争取一辈子都能活跃在这个领域。"

"把书桌整理得干干净净，
让自己能够聚精会神。"

在客厅之外，专门装修出一间工作用的房间。在这样的环境里，很容易保持开工/休息的节奏感。描绘插画的工作，需要手绘和电脑操作相结合。我通常使用的工具包括纸、自动铅笔、Mac 和 iPad。

🕐 **时间安排**

9:00	起床
	喝茶
	家务、琐事
12:00	午餐
13:00	开始工作
19:00	晚餐
21:00	工作
23:00	入浴、拉伸
0:30	小酌
2:00	就寝

工作历史

以前在东京都内生活的时候，住在一个约 40m² 的小户型，周边配套很完善。后来搬到近郊，换了一套约 80m² 的房子。这套房子的每个房间都有自己的功能，包括和室、卧室、工作室和客厅。

结束百货公司的工作以后前往东京，经过一番努力以后终于进入美术学校

　　26 岁的时候，终于成了插画师。高中毕业以后，我在老家的百货商店做了一段时间的店员。但是一心想从事跟绘画和设计相关的工作，所以辞职来到了东京。"理想的美术学校，采取抽签入学制。所以一边做钟点工，一边不停尝试。失败了五六次以后，终于被抽中了！"顺利入学以后，课业之余到处走访出版社推销自己的作品。在慢慢收到出版社的约稿以后，着实花了点时间才下定决心辞掉所有钟点工的工作。在鼓足勇气踏入专职插画师的行业时，我还是有点胆怯的。但是决定了就不能回头。基本上有订单我就会接，在我 30 多岁的时候，工作量、繁忙程度和体力消耗都到达了顶峰。

从事自由职业的

注意事项

- 绝不忽视回复邮件，遵守时间等基本礼仪
- 关注给予和回馈的平衡

无论数码时代发展得有多快，如果没有人，工作就无法成立。所以一直留心与对方交流时的礼仪。另外，重视交流互动时双方的需求，不能只追求"自我满足"。

事业腾飞的 30 多岁、意兴阑珊的 40 多岁，今后的日子要一步一个脚印地踏实前进

　　33 岁的时候，出版了自己的第一本插画图册。35 岁的时候结婚。41 岁的时候离婚。"我想兼顾妻子的职责和工作的成就。但那段时间，事业刚好处于突飞猛进的阶段。我有点太好胜了，当家庭和事业没办法兼顾的时候，自己也觉得非常苦闷。"年过 40 岁以后，有段时间总是郁郁寡欢。美容也好，以前喜欢的工作也好，都不能激发我的兴趣。人一旦迷失了方向，体力也会随之下降。不知不觉之间，连工作也不再得心应手了。碰巧那段时间，为自己父母家的问题花费了很多心思。但是，不挣钱就没法生活。快到 50 岁的时候，我终于振作了起来，一口气改变了住所和生活环境。不知道是不是以后会一直单身，但我决定以此为前提自己做好准备。

技能提升

其实，我并不擅长操作电脑。但这毕竟是当下所需、工作必备的重要工具，所以还是要时常维护防火墙和最新的操作系统。因为刚刚注册了账号，以后计划买一台新电脑来处理动画剪辑的工作。动画摄影全部仰仗智能手机。三脚架就是最便宜的款式，大概 2000 日元。

不自我宣传就会被埋没的时代，
最近刚刚开始更新自己的 Vlog

今年开始，学会了在网上发布 Vlog。在插画的世界里，专业人士和非专业人士的界限已经非常模糊了。一成不变的做法会让自己很快被淹没，这是我的危机感，也是事实。我并不是想成为大 V，发布 Vlog 的感觉就和出版图册一样。希望谁能在看到我发布的日常时，觉得"这个还不错呀"。要是能帮助到谁，就更好了。说来，动画剪辑是一个初次体验的领域。为了完成一次创作，从摄影、剪辑到发布，大概需要 3 个月的时间。"我自己很喜欢网络，所以能在艰难中感受到新鲜的快乐。我也会找一些优秀的作者和优秀的作品，学习他们的文字和排版技巧。"

工作伴侣

把想法记录在便笺上

分门别类地为个展和网络项目等准备专用笔记本，然后把灵感都汇总在里面。使用高黏度便笺，不容易脱落，而且便于改变粘贴位置。

用大号便笺替代明信片

邮寄请款书的时候会用到。最爱 uni-ball signo 的圆珠笔，感觉写出来的字更好看一些。

提前撕掉备忘录的封皮

最近习惯用 RHODIA 的备忘录来整理必须要做的清单。提前撕掉备忘录的封皮，想到的时候就马上写下来。

记事录款式的挂历

从 2018 年开始，就一直使用这种挂历。我会把工作和私事的一些日程安排提前写到挂历里。还会把银行取款的金额记在这里。

我的治愈时间

用茶水冲刷自己的心灵

早起之后，马上就是饮茶时间。片刻认真饮茶，专注饮完最后一滴茶水，对自己来说尤为珍贵。当然，不会拒绝咖啡和茶包，有什么就喝什么。最近比较偏爱日本茶，其中的加贺棒茶和番茶的口味最佳。茶叶罐和茶包统一收纳在一个早年从印度尼西亚买回来的藤编盒子里。每天随机挑选茶叶种类。

每日都会关照的
绿色小世界

生活里一直都有观叶植物的陪伴，最近终于能让它们不枯叶、不掉叶地好好成长了。我家的观叶植物大小不一，形态各异，分布在工作室的阳台上和其他房间里。地板上的植物和窗台上的植物，形成了很好的高低落差，体现着动态美感。小盆栽可以放在一个盘子里，做成小盆景的风格。最近觉得可以再新增几盆。

今后的生活计划

收集古董是我的爱好之一。我今后很有可能从事跟古董相关的工作。可以在国内外寻找货源，要是有机会自己策划展会就太好啦。

以插画为核心，不断拓宽网络和古董领域

当然要把插画的工作持续下去，柿崎女士说"想尝试用各种工具，创造新机遇"。网络频道就是其中一项。"不知道这能否成为收入来源的一部分，但我很期待这个项目给生活和工作带来的影响。我没想刻意安排固定的更新时间，现阶段的目标是不要停下来。"一年前开始养了一只猫。想要健健康康一直工作下去的念头变得更加强烈了。经济方面的担忧，通过 NISA（小额信托投资）得到了些许缓解。"我虽然 50 多岁才开始理财，但开始了就不算太晚。我想把这部分钱当作养老经费，计划一直攒到 65 岁。"

一直保持工作状态的身心调整心得

身体

喝中药

为了在改善体质的同时缓和更年期症状，一年前开始定期到中医院就诊。开始喝中药以后，身体状态趋于稳定。在信任的医生那里开一些可以适用于医保的中药处方。

泡澡

跟洗淋浴相比，泡澡对消除疲劳的作用可谓立竿见影。无论多忙，每天晚上必定会用浴缸泡个澡。

通过正骨调理身体

刚开始练习空手道的时候，身体的疼痛非常敏感，之后开始尝试到正骨院调理。每月一次，身体失衡已经得到了改善。

针灸保养

为了保持免疫力和健康，睡前会在家里自己做针灸。一般会在可以缓解肩膀僵硬和浮肿的穴位针灸。

心灵

享受网络视频

每晚手捧酒杯浏览网络频道的时候，是无比幸福的时光。每天的疲惫都在日常生活 Vlog 和可爱动物的频道里得到了治愈。感觉上，就像在一日将尽时升华了自己的心灵。

朋友的存在

有一位彼此绝对信任的朋友，信任的程度是可以彼此寄存家门的钥匙。但是相互之间保持舒适的距离感和界限感，这样才能长期交往。

跟爱猫一起生活

心心念念有猫的生活。托"圆夫"的福，对家的热爱又增加了几分。已经无法想象没有它的生活了。目前正在准备迎接第二只猫咪的到来，这可是一只领养的猫咪哦。

心灵和身体

练习空手道来提升基础代谢

高中时期曾经参加过学校的空手道俱乐部，6年前开始重操旧业。系好腰带的瞬间，自己好像变了个人，每次在道场都能进入忘我的状态。出汗以后觉得神清气爽，每每心情不好的时候都会去练空手道。

好好吃饭、好好睡觉

决不熬通宵，该休息的时候就好好休息。尽量减少卧室里的物品，让卧室成为可以安放身心的地方。使用高反弹款式的床垫。晚餐通常是日式套餐。每天都做味噌汤。

饮食　睡眠　空手道　Body　mind　中医　针灸　网络　猫　正骨　泡澡　朋友

时刻保持前瞻视角，不断提升个人技能。
切实发挥既往经验。

整理收纳咨询师、导师　　　　**03**

Sakko 女士

年龄：40 多岁
独居
住所：租赁公寓

履历：
时尚领域的买手，近期刚开始从事整理
收纳咨询师的工作。面向独居女性提出
收纳和整理的建议之余，还会撰写一些
纪实性文章。作为导师，活跃于多个领域。

我和工作

留意点

- ○ 自行决定工作的日期、时间和地点
- ○ 可以在自己擅长的领域自由发挥
- ○ 切实感受到给他人带去的帮助

为了能一直更新，时刻考虑自己应该做的事情

Sakko 女士是以社交网络为中心开展工作的导师，同时也作为自由职业者，从事着整理收纳咨询师的工作。在新冠疫情开始的那一年的春天选择了离职。"工作形式包括在线上接受整理收纳咨询，通过社交网络答疑解惑，接受企业委托和网络答疑等，基本上在家就能工作。以每周休息 3 天为目标，按照自己的节奏安排工作。即便如此，收入也跟积极奋进的公司职员持平。"

因为每周有 3 天休息日，所以心态非常平和。"喜欢社交网络，爱好整理收纳和软装。先是把爱好变成了职业，之后向需要的人提供帮助，最终实现了时间自由，真的感到好幸福。工作让我自己不断成长。但我不会只是一味地等待工作从天而降，而是始终在思考如何能变得更好，并付诸行动。我相信自己还有继续成长的空间。"

具体来说，近期的注意力放在如何提升个人技能方面。"至今为止的工作，都是通过社交网络获得的。这段日子，我每天都在研究如何通过更简单易懂的方式，去解说整理收纳的技巧与打造舒适生活之间的关系。当然，图片和文章都不失为有效的途径。我知道，自由职业者能依靠的人只有自己。如果不保持前进，那么收入就会锐减到零。我希望可以不断突破舒适圈，努力让现有的工作方式持续下去。"

正因为在家工作，才更需要规律的生活。
精致的妆容也必不可少。

工作地点就是客厅。根据个人喜好重新进行了房间软装，整体环境轻松惬意。身处整洁的房间，心情也能开朗起来。按时吃饭，每天化妆，让自己的身体保持积极的状态。

🕐 **时间安排**

7:00	起床
9:30	开始在家工作
	处理企业委托项目及网络咨询等事宜
12:00	午餐
13:30	拍摄、制作社交网络的稿件
16:00	撰写网络纪事
18:00	工作
19:00	晚餐
	入浴、美容时间
24:00	就寝

工作历史

工作常用的物品就是这些。手机支架和电脑支架都是木制的，朴实自然。日程手册和笔记本是用来整理思路的必备品。

上班的时候，偶然发现了整理收纳咨询师的工作，之后立即就报名参加了资格考试培训班。目前已经取得了房间风格设计师 1 级的资格证书。

曾作为时尚买手在国内国外飞来飞去

　　在从事现在这份工作之前，Sakko 女士在时尚品销售和购买的领域工作了 20 年的时间。国内外到处出差，飞来飞去，工作内容就是去挖掘新品牌和设计方案。有时候需要进行新店开张前的交涉，开发原创新品，策划展会等。那时候每天都很忙。"我很热爱那份工作，在发现新品、进货、销售这一连串的商业流程中学习到的经验，是非常宝贵的人生财富。"正是因为接触过众多的设计师和企业，Sakko 女士才能感受到当前这个职业的魅力。"先于他人发现不为人知的事情，也是一种能力。毫无疑问，我对物品的执着，正是来自这段买手工作的经历。"

（整理收纳工作用品的关键）

尽可能减少使用时取出和放回的动作。抽屉里不要使用有盖子的盒子，敞开式隔断让物品一目了然，方便取用。

在桌面以外的地方找到存放电脑的固定位置

"晚餐后不工作"，这个规定能确保"自己的时间"。希望在休息的时候，电脑不在目光所及之处，就是要把它放在电视柜的格子里。封印以后，再也不会没完没了地工作了。

统一使用不透明的白色收纳盒

偏爱无印良品的收纳单品，因为它们不仅收纳能力超强，而且相互组合时尺寸总是非常合适。颜色整齐划一，都是白色，看不见内容物的不透明质地，显得十分整洁。

用一块布掩盖杂物

桌子旁边有一个篮子，里面是些工作所需的书籍和投稿工具。放在好拿好放的地方，防止物品散乱各处。但是，为了把里面的东西遮挡起来，上面盖了一块遮尘布。

创业，对我来说

Sakko女士的
创业步骤

在职期间取得资格证书

⇩

浏览社交网络

⇩

委托逐渐增加后，下定决心辞职

⇩

离职，开始作为整理收纳咨询师工作

⇩

申请营业执照

**当我知道可以把喜欢的事情当成工作后马上采取行动！
考取资格证书**

在我正在犹豫是否要辞掉工作的时候，整理收纳咨询师这个职业进入了我的视野。"本来我就很喜欢房间内饰和软装，喜欢整理身边的物品，但从没想象过要以此为生。直觉告诉我，这才是适合我的工作！之后，我马上就报名参加了讲座。"

想要考取整理收纳咨询师1级证书，需要通过笔试和实操测试。实操测试的时候，需要制作资料并自行讲解，这时候在买手时代学会的技能发挥了很大的作用。完成学习后，马上开始在社交网络上发布作品。每天利用通勤时间发布。"虽然很不容易，但当时每天都很享受这一小段时间。"

至今仍然发挥作用
职员时代积累的经验和技能

- 设定目标客户群
- 洞察市场的能力
- 讲演的能力
- 发觉新鲜事物的能力

想要更多地帮助他人，参加了营销讲座

当时，整理收纳的课程通常以跟家人共同生活的女性视角为中心进行编排。"所以我把目标客户群设定为独居女性群体，主要讲解一些衣柜的整理方法，以及如何让房间更加舒适的内容。粉丝人数超过 4 万人以后，开始有出版社跟我沟通图书出版等工作。"粉丝人数超过 13 万以后，鼓起勇气辞掉了当时的工作。虽然整理收纳方面的工作发展顺利，但碰巧赶上了疫情暴发的时候。当时虽然提交了办理营业执照的申请，但并没获得批准，所以第一年不太顺利。"开始的时候我都是按照自己的思路去处理业务、招揽顾客。在我参加了营销讲座以后，顾客人数有了大幅度的提升。这段经历让我切身感受到，不断提升个人技能有多重要！"

我的治愈时间

时间有限，但我认为在有限的时间里，使用时间的方法可以改变生活的本质。我喜欢在睡前点上柑橘味的香薰。最近迷上了黑豆茶和小豆茶。

看电视剧的时间就是饮茶时间，在家也能享受很多愉悦的事情

　　正是因为每天大多数时间都在家里度过，所以要更加明确地区分出工作时间和休息时间。在固定的时间里处理完工作，可以给自己留出更多的私人时光。"除了看喜欢的电视剧以外，我还喜欢把时间花在读书和自我保养上。我还特别喜欢邀请朋友来家里做客，出门跟家人聚餐，当然更喜欢购物。还有就是在家品茶。每天挑选茶叶的时候，总是觉得心情雀跃。"

　　现在这个房间，是在卧室门外面分隔出来的小空间。这里有柔和的光线和香薰的气息，是个能让人舒缓下来的地方。"我想一直保持能正常工作的身心状态，所以健康第一。时不时，我就会让自己在这里放松一会儿，缓解工作带来的压力。"

今后的生活计划

为了提升个人能力，阅读是个重要的途径。宣传标语的制作方法、拓宽市场的重点、理财……希望能增长这些领域的知识，努力让自己的表现力进一步提升。

现在处于随遇而安的状态，当然也会考虑重归公司成为职员

对于社交网络何时停止服务感到不安。"所以，除了日志以外，还有另外几个官方网站的账号。为了消除自己的不安，只能不断努力提高自己的业务能力。"

为了消除生活的后顾之忧，常备一年左右的生活费，其中包含固定支出和日常支出。"很满意现在的工作方式，但也有可能重拾公司职员的工作，把社交网络上的业务当作自己的副业。"

随着时代的变化和年龄的增长，想做的事情很可能发生变化，所以非常有可能选择重新到外面去工作。不想限制住自己的将来，想在时间里找到答案。

如何把社交网络和工作连接起来

重点 1

在推送中体现有自己风格的世界观

这一点很重要，可以帮助大家理解自己的思路、兴趣爱好和擅长的领域。从一开始，就认识到了这一点。但是需要注意不要陷入"以自我为中心"的旋涡。避免使用专业术语，选择入门级观众也能简单理解的词汇。

重点 2

明确"向谁说""说什么"

设计账号的时候，首先要明确针对哪些客户群发送什么样的信息。简介的内容，最好做到一目了然。决定好目标客户群和目标以后，推送内容就要始终围绕着这个中心。的确，粉丝人数在不断增加。

推送的时候要注意不能只聚焦物品和房间，需要突出"人物"的存在感

如果推送内容中只有技巧和信息，会给人一种"无机物"的感觉。是"我"推送了这篇文章！为了让大家理解这一点，视频中会出现自己的背影和手部照片。偶尔也会推送一些关于个人烦恼的内容。跟大家取得共情以后，能自然而然地产生亲近感。

提高推送率，通过广告和评论留住忠实粉丝

开始以后，几乎每天都会推送新内容，认为推送的频率越高越好。哪怕粉丝留言超过 100 条，也会逐一回复。评论栏里总会有些提问，这就是跟粉丝进行互动的好机会，有利于留下一些忠实粉丝。

更加喜欢社交网络，频繁登录查看

开始这份职业之前，完全不用社交网络，但现在只要有空就会打开看看。喜欢上社交网络以后，查看内容就变得非常愉悦，推送技巧也随之提高。

与鲜花对话，
与来客交谈。
想在花店里编织出
精彩纷呈的故事。

PAUSE 鲜花店店主　　　　**04**
吉原友美女士

年龄：40 多岁
独居
住所：租赁公寓

履历：
在千叶县印西市经营着一间叫作 PAUSE
的鲜花店。店内出售家庭装饰花卉和礼
品花束，我也会前往咖啡店，能出现场
进行花艺搭配。有网络花店，不定期举
办的花艺课程深受大众好评。

我和工作

留意点

- 顾客的一声"谢谢"，就是自己力量的源泉
- 花卉和植物洗涤了自己的心灵
- 时常可以遇到不同的人，体验不同的店

挣钱排在第二位，
每天都把从鲜花中获得的力量传递给顾客

从 PAUSE 鲜花店开张伊始，吉原女士就开始了忙碌的生活。工作室位于千叶县印西市，吉原女士会不定期地在这里开展花艺教学和销售。

"2020 年向税务局提交了开业申请，就此成了小商户的业主。之所以来到印西，是因为有位朋友在这里开咖啡店，她邀请我来这里一起做生意。我的这间花艺工作室，就开在咖啡店的院子里，刚刚开张 3 个月。周边有什么活动的时候，我会上门做鲜花装饰。除了这些以外，还会在网上接订单。"

与到访工作室的客人一边交谈一边打花束的时间里，洋溢着岁月静好的气息。"虽然是自己的工作，但更觉得自己正在享乐。店里的花朵即将绽放，在赠人玫瑰、手留余香的过程中，喜悦有了具体的形状。想想都觉得快乐。"

打花束之前，吉原女士一定要问清楚花束要被赠送给谁。"交谈就从这里开始，能把我们的心情联结在一起。如果是要把花束摆在自己家里，我觉得可以趁这个机会客观地审视一下自己，感知一下自己喜欢的颜色、形状、香气，还能审视一下自己当下的心情。在这个过程中，心情能变得跟鲜花一样绚烂，同时还能加深自我理解。我很看重这段短暂的交谈。既然已经在印西落脚，就要在这里发掘出更多的美好。"

大自然中的舒适画室，我的生活被我喜欢的东西包围着。

在咖啡店主的热心相助下，这间不足 20m² 的工作室被装修得整洁一新。我的"小确幸"都在这里。

🕐 **时间安排**

3:00	起床
4:30	出发前往花卉市场
6:00	抵达，买花
7:30	从花卉市场出发
9:00	把花卉搬至工作室 打扫卫生等开店准备
10:00	回家。带宠物犬散步，喂食 自己吃早餐，洗漱
11:00	工作室开始营业
16:00	工作室结束营业 回家。带宠物犬散步，做家务
18:00	晚餐 洗澡、自由时间
21:00	就寝

工作历史

以前自己没什么自信，就算得到赞美也会怀疑，"他为什么会这么想呢？"后来，干脆把婚姻、工作，一股脑地都放下了。随之发现了虚假的自己和内心深处的愤怒与执着……收拾好自己的内心以后，终于消除了负面情绪。

长达 11 年的夫妻档，
工作中时刻压抑着自己

　　正式成立 PAUSE 鲜花店，是在 2020 年的 1 月份。此前的 11 年当中，一直是以夫妻档的形式经营着多肉植物的生意。"对于当时的事业，我就像照顾自己的孩子那样全力以赴。也许就是因为太在乎了，所以我和丈夫之间的想法逐渐产生了差异。后来，我们决定让人生归零一次。"

　　夫妻档的时代，吉原女士通常负责销售和其他辅助性工作。"但是我的心里一直有个念头，就是想站在更前面的地方去表达自己。这个念头日复一日，在我心里慢慢发酵。可惜的是，我一直试图扼杀这个念头。突然有一天，我告诉自己这样不行！从那以后，我的人生出现了脱胎换骨的变化。"

店名"PAUSE"，在法语里意为"暂停"。这是开业之际一直萦绕在我心里的一个词。虽然经历了11年的夫妻生活，但是现在我想暂停下来，仔细看看自己，重新做回自己。

　　40岁的时候离婚。离婚以后，住的地方变了，不由得开始思考以何为生。吉原女士从事多肉植物的经营之前，还从事过美容师、销售、天线安装等工作。"在纠结于应该从事什么工作的时候，还是无意识地选择了花卉这个行业。虽然都是植物，但是多肉和鲜花完全不一样。以前没怎么接触过这个领域，也并不是因为喜欢鲜花才积极选择了开花店这条路。"

　　吉原女士现在已经感受到了鲜花的魅力，每天都兴致勃勃地操劳于花店的大小事情。但是据说刚开张的时候，并没有感受到什么快乐和惬意，这可真是有点让人意想不到。

工作伴侣

每天都放在身边的花卉剪刀

开业一年多以后，终于遇到了这把梦中情"剪"！这把花卉剪刀来自京都的刀具老店——安重打刃物店。在知道我从事这个行业以后，一位可以信任的朋友推荐了这把剪刀，买来以后果然中意！现在每天都在用，必不可少。

打扫用品必须得心应手

喜爱生活气息浓郁的工具。扫除必不可少的扫帚，毛刷又软又轻，能把垃圾全部搂起来。桌面小扫帚也是平时打扫的好帮手。有时候也会在做花艺装饰的日用品商店选购一些小物件。

（日常忙碌中如何享受有花的生活？）

如果觉得一束花太多，无须勉强自己，一朵鲜花就是夏天

照料鲜花要是成了一种压力，就本末倒置了。店内有售迷你小花束，如果这样也觉得麻烦，可以从一枝花开始尝试。在花店选择一枝令你怦然心动的花，就摆放在自己手边吧。

花朵遇见容器，才能生动有趣。一个别致的花卉容器能起到画龙点睛的作用

美丽的花卉，摆放在花器中会更加光彩夺目，这是我个人的见解。普通的马克杯与专门的花瓶有着本质上的区别。小花器可以用来直接容纳迷你花束，易于使用。PAUSE 特邀 3 位作家在此销售原创花器。

我的治愈时间

一边开车，一边整理思路

每周要去花卉市场 2~3 次，路途遥远，开车的时间很长。但是沿途的风光总是让人心旷神怡。这段安静的时光非常适合让自己在头脑中整理思路，常常在开车的途中获得新鲜的创意。

与爱犬相处的时间是力量的源泉

与爱犬拉斯在一起生活了 9 年的时间，它是自己每日生活中不可缺少的陪伴。无论是去花卉市场进货，还是从清晨开始工作，都会风雨无阻地带拉斯散步。忠于内心，在拉斯的陪伴下选择最舒适的生活方式。

今后的生活计划

非常喜爱八岳山，跟这里的缘分可以追溯到 10 年前。朋友搬到这里来以后，就开始想约一起去小溪里钓鱼。最近开始挑战在租来的田地里种花，每月往返一次照看土地。一想到以后可以在店里销售自己种的花，就情不自禁地雀跃起来。今后还有很多很多想要做的事情。

考虑八岳和印西两个地点，
在前行的路上继续珍视这份缘分

在继续经营工作室的同时，吉原女士还打算积极拓展网店和鲜花装饰的上门服务。"前段时间出于一些原因，花艺教室一直不能开放，估计以后会好一些。在做好独立创业的心理准备以后，反而得到了好多人的帮助。无论什么样的工作，归根结底都离不开人。虽然有过不开心的回忆，但真心觉得受到了他人的眷顾。"

将来想在八岳或印西拓展事业圈。"要是考虑经济基础，怕是什么都做不了。但意外的是，我从来不因这个感到焦虑。珍视人与人之间的缘分，把自己交给时间吧。"

创业，对我来说

吉原女士的
创业步骤

开始批发鲜花

⇩

向咖啡店等店铺提供上门服务

⇩

网店开张

⇩

工作室开张

在熟人的店铺和上门服务时做的花艺展示。

花艺上门服务、网店、工作室，慢慢拓宽销售渠道

　　刚开始创业的时候，满心都是不安。"对于鲜花这个行业，我跟新手没什么区别，只好先从逛花市开始起步。我想，进货以后总能卖掉的吧。最后决定开花店，也是出于这个原因。"吉原女士这样说。

　　最开始，为了赚到批发鲜花的经费，自己推着自行车到处销售。总之就是殚精竭虑，那时候完全没精力体会自己是不是开心，花朵是不是美丽。"开始做花艺上门服务的时候，顾客的反馈特别好。母亲节那天接到了很多订单。竟然有这么多的人要买花！真是惊到我了。"

　　虽然销售保持着平稳的情况，但进货、开店、汽油等支出积累到一

起，还是连续赤字。这时候听从了会计师的建议，开了一家网店。这样，就确保了无须移动就能销售的渠道。

当初为了生活才选择了这个行业，所以对于当时的吉原女士来说，卖花不过是谋生的必要手段。后来，开始慢慢体会到鲜花的魅力。"欢喜""美妙"的感觉降临以后，一发而不可收，随之销售量激增。"开始享受工作，这对我来说是一个巨大的变化。"

社交网络的账号兼具宣传的功能，每天都在这里定期更新花艺上门服务的通知，展示卖家秀等内容。"有了可以展示自己的地方，然后又在这里跟访问者建立了联系。工作室和网店也是这样，我觉得现在有越来越多的顾客能够理解我的感性了。"

工作，是为了守护简单的
生活和重要的家人，力争
维持现状。

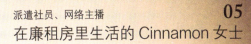

派遣社员、网络主播

在廉租房里生活的 Cinnamon 女士

年龄：50 多岁
与儿子（20 岁、9 岁）的三人生活
住所：廉租房

履历：
全勤从事派遣事务工作。以"舒适的廉租房生活"
为题，在网络上发布视频作品，展示自己在 20 年
房龄的廉租房里的简约生活。频道订阅人数超过 2
万人。

我和工作

留意点

- 自由选择开始工作的时间
- 与正式职工和其他同事之间保持良好的
  人际关系
- 切实感受到被周围的人所信任

便于开展远程工作的环境，能够及时处理家务

　　Cinnamon 女士的工作，是从事派遣事务的全勤模式。在目前这家公司已经工作 7 年的时间了。"工作内容是营业事务。例如发送请款单和报价单，支持订购业务等。"

　　以前每天都要上班，但是从新冠感染发生以来几乎都在家远程办公。现在每周有 4 天在家办公，还有 1 天要去办公室接受并整理快递和信件。"可以选择开工时间，远程办公的话就从早上 7：30 开始。下午结束工作以后，就可以早早开始准备晚餐，时间非常方便灵活。"

　　现在跟上大学的大儿子和上小学的小儿子一起生活。现在的工作方式可以同时兼顾工作和家庭生活，对职场妈妈非常友好。

　　公司有一条不成文的规定，原则上派遣员工不能在同一家公司的同一个部门连续工作 3 年以上。Cinnamon 女士现在却拥有无固定期限的长期派遣合同。"虽然也去过几家企业，现在工作的地方最合心意。跟一起工作的同事相处得很融洽。对于我自己来说，工作是为了让自己跟家人的生活更充实。工作并不痛苦。工作的时候，自己的存在会被看到，或许正因如此我才喜欢工作，有热情工作。但最重要的，仍然是生活本身。精心保持着工作和生活的平衡，今后还想继续工作。"

为了缓解运动不足，
用瑜伽球代替了椅子。

🕐　时间安排

6:20	起床
	给儿子们做早餐，洗漱
7:30	开始工作（远程办公的情况）
	电脑操作、网络会议等
11:30	午休
16:00	下班
	家务时间
18:00	晚餐
20:30	洗澡、自由时间
22:30	就寝

办公桌放在房间一隅，这里就是远程办公的区域。基本上一直坐着办公，所以用瑜伽球代替椅子，希望自己可以多少锻炼一下腰腹力量。

服务业需要频繁地在周末和夜晚出勤，但因为儿子比较小，所以自己无须参与排班。虽然经历了离婚，但仍想保证跟孩子共处的时间。

怀孕、生子变成了一次转机，
在优先考虑孩子的基础上选择工作

　　稳定地从事目前的工作之前，Cinnamon 女士经历了很多不同种类的工作。在怀孕、生子之际，迎来了巨大的转机。"因为妊娠反应很严重，所以辞掉了之前的工作。儿子出生后，把一切安顿好，便产生了再就业的想法。我喜欢工作，觉得与其把自己关在家里，不如出门找点事情做。"

　　在找工作的过程中，Cinnamon 始终不愿牺牲跟孩子共处的时间。所以虽然参加了几场正式员工的面试，最终还是选择了缘分更深的派遣员工一职。"不用加班，可以早点回家，而且休息日也不用上班。我选择派遣员工的时候，认认真真地考虑过这个优势。"

工作服

喜欢连衣裙

以远程工作为中心，几乎没有上班和下班的着装区别。最近买了好几件衬衫和连衣裙。冷的时候可以搭配披肩。我把针织披肩换成了羊绒披肩，这条蓝色披肩深得我心，是近几年的最爱。

把壁橱 DIY 成了衣橱

摘掉推拉门，上半部分用来做衣橱。把衣服挂到上面进行收纳。因为选择了开放式，所以尽可能统一成白色，看起来比较清爽整洁。我热衷于思考如何摆放物品。有段时间频繁探索各种搭配和摆放方法，目前的模式最后成了常态。

生活和金钱

依托母子家庭的房租补助制度，现在的房租只有 2 万日元。孩子慢慢长大以后，不再能继续享受这个制度，负担金额逐渐提高。只有继续勤俭持家才行。

虽然生活简朴，
但充满了自由和丰裕

　　Cinnamon 女士有过离婚的经历。生活中时刻保持少花钱的节约意识。"虽说如此，倒也不至于拮据。反倒是因为立志过简朴的生活，让生活增加了很多自由和丰裕。现在几乎没什么物欲。物品少，用的地方也少。这种简约的廉租房生活，应该很符合自己的个性。"

　　每月的收入大概 24 万日元。没有奖金和离职补贴，但时薪在按部就班地提高。"每月储蓄，也有定额 NISA 的信托基金，这些是孩子们的教育经费。但是自己的养老钱，还需要攒上一段时间吧。"

Cinnamon女士的每月收支表

收入　240,000日元（到手）

固定支出　130,000日元

- ☐ 房租　　35,000日元
- ☐ 美发　　　8,000日元
- ☐ 煤气水电
- ☐ 电话费
- ☐ 保险金
- ☐ 教育费
- ☐ 医院费
- ☐ 储蓄金

非固定支出　110,000日元

- ☐ 伙食费
- ☐ 日用品
- ☐ 被服费
- ☐ 交通费
- ☐ 交际费

了解每月的固定支出，此外对非固定支出做管理。因为分开考虑，所以每月开销没什么压力。假设某月日用品支出比较多，那就从伙食费方面做削减调整。

选择愉悦五感的日用品

跟价格相比，更重视能否在做家务的过程中感受到愉悦。例如说选择包装瓶可爱、味道好闻的洗衣液等。如果在购物中心看到中意的款式，价格也能接受，就会果断入手。

头发必须要保持整洁

认为自身打理属于工作的一部分。每月都要在理发店或多或少地花上点儿钱，要么剪发，要么做营养，防止头发干枯。

我的治愈时间

从植物中感受蓬勃生机

房间并不宽敞，但盆栽的数量越来越多。它们永远安安静静，永远温柔可人，永远陪伴在我左右。这些无比重要的存在里，个头最大的是熊猫榕（*Ficus microcarpa* Panda）。另外还有垂叶榕（*Ficus benjamina*）等。阳台上满满都是绿色的。

个子虽小，却是家庭一员

这只豹纹守宫（*Eublepharis macularius*）我已经养了 9 年了。大儿子上小学的时候，哭着喊着都要买回来养。这个可爱的小脸能给我带来欢乐。它的食物竟然是活蟋蟀！

在入浴时间让这一天归零

常备喜爱的浴液和沐浴精油，根据每天的心情随机选择。累的时候，或者心情郁闷的时候，泡泡澡都能让自己焕然一新。

life plan

今后的生活计划

目标就是持续现在的工作
和当下的生活

虽然合同没有固定期限，但派遣毕竟
不太稳定。"目标就是维持现状。喜爱现
在的工作，跟身边同事相处得也不错，但
不管什么时候情况变化都不足为奇。儿子
们长大了，自己的生活也一定会发生变化。
孩子们离家远去以后，希望自己能过上充
实的单身生活，所以趁现在不断寻找有趣
的事情。幸亏，Vlog 能让我乐个不停。"

发给自己的鼓励

在聊天软件上建了一个自己的
聊天窗口，时不时地发送一些
"加油""恭喜"等积极的话
语和消息，十足地自我满足。
这样能让自己在负重前行的路
上保持积极的心态。

网络日志的开始

把廉租房生活当作主题以后，方向性就确定下来了

2021 年 6 月开始经营自己的 Vlog 账号。"新冠感染开始以后，自己的时间增加了不少，所以有机会挑战本来就很感兴趣的网络日志。开始的时候，精心选择了主题。最常用的关键词是廉租房生活，视频里是一些如何减少物品、如何让生活更简约的内容。在不小心脱离了主题的时候，播放量会肉眼可见地急转直下。能自己看到播放量的数字，还真是有趣。"

一般都在休息的时候摄影，然后马上剪辑出来，留到下一周推送。"我告诉自己，一定要沉淀一个晚上，重新确认之后才能发出去。如果能成为副业，有点收入，那就太好了。但目前为止还没有什么收益。感觉就是因为有趣，所以坚持了下来。"

初期投资控制在最低程度即可,仅支架为必需品

决定开始的时候,也决定了尽量不花钱的基调。用手机进行拍摄。单人操作的时候,一定会用到支架,最好是长短可调的款式。

重点 2

通过视频学习剪辑 App 的使用方法

视频剪辑全部在手机上完成。本来没有剪辑的经验,一边在网络上浏览知识分享的视频,一边自己学习。用着用着,就找到了感觉。

工作即生活。
不是在芸芸众生中选择，
而是要自己开辟一条道路。

UZUMAKI 书店店主　　06

村上千世女士

年龄：40 多岁
独居
住所：租赁独门独院住宅

履历：
兵库县出身。在大阪从事过公司职员
的工作，后来移居至高知县，在香美
市的山上开办了名为"UZUMAKI"的
书店。这里提供咖啡等饮品，不定期
在有机品市场摆摊。

work

我和工作

留意点

○ 首先，书店是自己的必要空间
○ 使书店像是从故事里走出来的样子
○ 鸟啼和虫鸣成为 BGM（背景音乐）

开办了山上书店，这个店铺把物和物连接在了一起

2014 年，山上书店 UZUMAKI 在高知县香美市开张。"大家对我的印象，多是自己创业、实现理想的外来户，但实际情况并没有这么简单。"

最开始搬到高知生活的时候，村上女士并没想过要开一家书店。"我就是想在资源丰富的大自然里耕地种田，然后过上自给自足的生活。当时只有这种茫然的想法。到了这里以后，不知道为什么自己想要的东西，已经拥有的东西，和这里有的东西自然而然地结合到了一起，就好像碎片拼凑到了一起一样。所以这间 UZUMAKI 书店，也是在不知不觉之间成形的。"

而在所有碎片当中，书店的存在对于村上女士来说是弥足珍贵的，而且是必不可少的。

"在我的生活里，除了衣食住行之外，就是书店。我从小就对各种各样的事情感兴趣，但兴趣总是来得快、去得也快，好像我不擅长专注于一件事情。没想到开始经营书店以后，居然对我有了非常积极的影响。身处自己的房间里，只要开始阅读，灵魂就一直在路上。对我而言，有书的地方比主题公园更有吸引力。我想自己创造一个这样的空间。而且，我希望自己的书店就像是从故事里走出来的那样迷人。UZUMAKI 书店，就是这么规划的。"

书籍按照五十音图的顺序排列，而非按照出版社的顺序。不执着于书籍分类，但是摆放的时候会考虑"对这个感兴趣的人，也应该读读这本书"。

🕐 **时间安排**

6:30	起床
8:00	开始打工
12:00	打工结束，回家
	午餐、开店准备
13:00	UZUMAKI书店开店
	接待客人、整理书籍等
15:00	关店
16:00	田间劳动
18:00	晚餐
	入浴、自由时间
21:00	清点需要购买的书籍，订购
24:00	就寝

与众不同的书籍排列方式。希望大家感受到意外性和相邻图书之间的连接。

工作历史

与早川 YOUMI 女士相遇，是人生中的重大转折点。书店里现在收藏着大量书籍，在通往书店的小径两旁，设置了标注着店名的路标，以防到访者迷路。

生活的转机，是与一本书的相逢

　　村上女士在短期大学攻读过陶艺专业。毕业后做过钟点工，26 岁开始从事手工制品的企划工作。这是一份收入稳定，虽然忙碌但是充实的工作。过了 35 岁以后，隐约开始对前程感到迷茫，就在这时看了一本书。"这是布艺作家早川 YOUMI 女士的《播种笔记》。书里展现了一种自给自足的田园生活，这就是我的人生理想啊。参加出版社的纪念读书会时，我恍然大悟，原来自己憧憬的就是 YOUMI 女士那种生活。YOUMI 女士的一句'那就趁现在吧'，把一直萦绕在我心中的阴霾一吹而散。我随即决定辞职。"

创业，对我来说

村上女士的创业之路

辞职，搬到高知县居住

⇩

成为早川YOUMI女士的弟子

⇩

UZUMAKI书店开张

取得古董商品经营资格证、
咖啡店营业执照、
食品卫生责任人的资格

因为喜欢这种花纹，所以以此命名书店
（书店名是"漩涡"的意思）

最初不是卖书，而是从
销售布鞋开始的

自己的天赋是什么？在搬家的同时探索自己的天选职业

　　刚刚辞职的时候，今后的住所和工作全都悬而未决。"我最后决定搬到YOUMI女士居住的高知县，那时候租了一间高知县内的陈旧公寓。后来在YOUMI女士的帮助下，终于在自己心心念念的山里找到了合适的住所。我也希望早日实现独立工作。YOUMI女士反复地问我，你想做什么呢？所以我只好重新审视自己的职业，直面今后的人生规划。当我想到自己除了生理欲求以外还有什么必不可少的东西时，脑海中出现的是书籍的画面。是的，画面就停在了有书的地方。"

多项工作相结合，
田园生活丰富多彩

　　2020 年 11 月，UZUMAKI 书店搬到了位于同一村落里的新址。刚开张的时候，店内书籍数量有限，不足现在的一半。包括自己的藏书在内，大多数都是二手书。"为了销售二手书，还特意考取了古董商品经营资格证。为了让来客能在店内喝咖啡、吃点心，还另行申请了咖啡店营业执照和食品卫生责任人的资格。"

　　在订购新书的时候，除了直接向出版社订购以外，还会通过批发商购买，总之各种进货渠道均保持畅通。"不管怎么说，书店的营业利润都比不上杂货店和餐饮店。所以就算卖咖啡，店里的收入还是入不敷出。平时的上午，回到商业街做 2~3 次的钟点工。"主要的工作是在日志和社交网络上写文章，或者往电脑里录入日常数据。有时间的时候，偶尔承接投票票数统计、打扫墓园等工作。

　　"除了这些零零散散的钟点工的工作以外，还会自己动手做一些事情。例如动手做点自己需要的物品，修东西等，这不就同节约开销是一个道理嘛。店里出售的点心和饮品里用的糖浆和花草茶，都是自己花心思加工而来的。把农耕收获分给周围的邻居，大家会用别的物品回馈我。在这种平稳的循环当中，生机勃勃地生活着。"

おやつset

・ピザトーストset
　　　　200

・あんこトーストset
　　　　750

・アイスクリームset 750

いずれもコーヒーは
ほうじ茶とセット
他のみちらは差額で

・コーヒー　400
・ほうじ茶　400
・カフェオレ　450
・ほうじチャイ 500
・ココア　　　500
・ホットジンジャー 450
・ジンジャーエール 500

生活中珍视的东西

什么都自己动手做。
时刻告诉自己要把从
大自然中得到的东西
还给大自然。

用金钱换时间，享受耕种乐趣的每一天

在辽阔的大自然中，生活环境生动而丰富。虽然经济方面和
物质方面有诸多不便，但这些全部都是我生活的一部分。特
别想说的是食物方面，除了自己耕种收获的果实以外，邻居
也会给我一些他们自己收获的，这就基本上实现了自给自足。
如果要花钱去买，也尽量从熟人的手里购买。对我来说，耕
地和除草是工作之一，开书店也是工作之一。经营书店的时
候，开动不同的大脑领域，能让自己得到休息。做饭也一样，
为了取悦自己，会做好吃的东西。

（因为工作感到烦恼的时候，在书中得到救赎）

不被所谓的商业所局限，在阅读中学习"如何生活"

到访书店的客人当中，不少都想改变工作方法，想从现在的生活状态中解脱出来。在这样的背景下，UZUMAKI 书店中专门设立了一个跟工作相关的书籍区域。这里有《狗屁工作（Bullshit Jobs）——无所谓的工作的理论》，深入探讨了近期无关紧要的工作增加、工作收入偏低的社会结构，还有创建了能在喜欢的日子做自己喜欢的事情的职场环境的厂长日记《活色生香的职场 小型海鲜工厂中没有束缚的工作状态》等书籍，旁边摆放着米切尔·恩德(Michael Ende)的《毛毛》。故事充满魔幻感，但却能引人入胜，让人重新思考工作的意义。扫地的人不经意说出的那句"只想下一步，工作就能变得快乐"，真是直抵肺腑啊！

搬家之后的工作

重点 1

移居后想做什么？有一个坚定的目标非常重要

我从关西搬到高知居住的时候，住所和工作都还没有着落。现在回忆起来，那段时间还真的是绕了不少弯路。虽然说"想生活在乡间"，但自己的目标不明确，所以进展特别缓慢。如果能明确自己 10 年后想要的生活，就可以朝着目标大步迈进。我现在仍然处于自我探索的状态，读书和与人交流，会成为掌舵的指针。

重点 2

乡村生活需要的不是金钱，而是时间和劳动力

虽然田舍的房租便宜，但是需要花费大量的时间和精力去参加除草或其他地区活动。如果不参加这些活动，支出的费用差不多跟住在集体公寓时缴纳的物业费差不多。建议大家就算推掉其他安排，也得参加这些活动。

重点 3

在当地创造自己的小圈子

无论你谁，刚刚搬迁过来的时候你都只是"外人"。有必要努力创造自己的小圈子。例如可以在有人需要帮助的时候率先伸出援手，遇到集市等能跟当地人交流的机会积极把握等。提前了解村落的历史和过去的人际关系等信息，可以规避不必要的麻烦。

营业时间和摆摊信息，主要通过网络发布。账号里也推送一些个人的碎碎念，感觉对这些内容感兴趣的访客可能来过店里几次。可能真的有必要让大家知道我是一个什么样的人。

第 2 章

人气博主 8 人

到此为止和从此之后的 工作琐事

TOMO
女士的故事

年龄：40 多岁
职业：公司职员（事务）
居住方式：独居
住所：公寓

work

我和工作

身心有归属的安心感。
有种早点退休，开始属于自己的生活的念头。

正是因为有了公司这个框架，才能安心地持续工作

毕业之后进入公司工作，TOMO 女士的工龄已经超过了 25 年。"隶属于事务部门，也就是说以桌面工作为核心。工作时间跟日历一致。早九晚六的全勤工作，虽然偶有加班，但基本上不会影响个人时间的安排。"

受雇于公司，担任过不擅长的工作任务，还因为搬家跳过槽。"工资和奖金都是固定的金额。因为受到公司的庇护，所以心里有满满的安全感。因为工作内容不是我自己能决定的，所以也曾努力学习过不擅长的事情，克服过不少难关。现在的工作，可以让我感受到自己的多元性，还有团队合作的力量。我觉得自己在这里成长了很多。"

工作，到此为止和从此之后

| 到此为止 |

曾因大病休过两次长假，由衷感受到可以回归职场的幸福

三十几岁的时候，得过抑郁症。"那时候被压力打败了，总觉得自己一定要那么做，要是自己休息了，对别人的影响也太大了吧。所以每天都非常焦虑。身体跟不上大脑的想法，不能随心而动，可太痛苦了。努力尝试了一段时间后，还是休了 8 个月的假。"在私人生活方面，32 岁结婚。以夫妻二人共同所有的名义购买了公寓，但是从 4 年后离婚时开始，就一直住在这里，现在一个人在还房贷。在结清贷款之前，还贷款的事情是家里最重要的事情，所以我在其他方面还是很节俭的。

虽然享受了一段快乐的独居生活，但没想到四十几岁的时候查出甲状腺癌。手术从脖子两侧摘掉了甲状腺和所有的淋巴结，目前仍在服药治疗。"罹患抑郁症的时候也好，癌症的时候也好，最后都回到了同一个职场工作。可见，只要隶属于某个公司团体，就算罹患重病，治好以后也能重返职场。那段时间，这就是我心里最大的精神支柱。"

喝不到美味的咖啡，就没法开始工作。早晨的第一杯咖啡，是享受。从第二杯开始，才是正常的日间咖啡。工作的时候没时间，一般都喝速溶咖啡。比较喜欢的是 UCC 的无咖啡因咖啡和克莱士（Kreis）。为了还房贷，每天都自己带饭。开始在私人日志上晒自己的盒饭以后，得到了很多支持和鼓励。所以还完了房贷以后，也在继续带饭。

通勤着装，通常选择价格合理的品牌。其实在内衣上的花费是最多的。首饰等物品，都是到了公司才佩戴。

目标是在 50 岁提前退休，工作的时候更重视"快乐"

在公司工作的时候，要感受自己对工作的热情，首要任务是完成工作。但是，这与 48 岁的 TOMO 女士的人生规划略有差异。"我的目标是在 50 岁的时候提前退休。我在 44 岁的时候战胜了癌症，之后才刚刚开始探索自己的人生。在那之前，没怎么想过做什么事情能让自己幸福。与其把时间用在工作上，不如在家慢悠悠地仔细做做家务事来得快乐。现在我觉得，花费时间把自己的日常生活传到网上跟大家分享，应该能让自己感受到幸福。不是说我不想工作，只是想拥有可以工作、也可以不工作的自由生活。就算继续工作，也不是为了赚钱，而是希望在工作中感受到活力和快乐。可能会考虑的工作种类，包括咖啡店店员、外展销售员等。如果能按计划提前退休，可能会从事跟现在完全不一样的工作。"

除了日志以外，我还创建了其他社交网络的账号，不时上传生动的野餐生活和日常活动的照片。

手账能帮助自己整理头脑中的思绪。最近，从手写手账升级为电子手账。可以使用 iPad。当然，还要配套使用 Apple Pencil。

生活和金钱

让质朴的生活成为常态，
公开记账簿，促进勤俭节约

在毫无心理预期的情况下，TOMO 女士就开始了独立偿还房贷的生活。"独自承担公寓贷款这件事，完全得济于稳定的工作和收入。尽管如此，我还是省吃俭用地争取早日还清。在我生活的城市里，人均一台小汽车，但是我没有。每天自己开火做饭，生活里尽量不在买衣服和剪头发方面花钱。一来二去，这种节约变成了习惯，就算不刻意考虑也能精打细算。在还清了贷款以后，生活水平有所提高，个人财产也慢慢多了起来。"

现在的生活开销中，几乎不用在住宅方面花钱了，每年有 200 万日元足够。"每月保证有 1 万日元存入个人年金账户，计划 60 岁以后开始领取。官方年金要到 65 岁才发，所以要有一些储蓄才行。看未来的时候，带着点前瞻性，给自己留好选择的权利。未来的几年里，再攒点钱，还是争取提前退休吧。"

项目	金额 / 日元	比例
餐费　合计	21 138	19.48%
咖啡	900	0.83%
便利店、自动贩卖机	2 203	2.03%
食材	18 035	16.62%
日用品　合计	5 259	4.85%
日用品	5 259	4.85%
爱好、娱乐　合计	13 723	12.65%
单人咖啡	350	0.32%
野餐	11 402	10.51%
俱乐部会费	640	0.59%
书	1 331	1.23%
交际费　合计	3 950	3.64%
酒费	3 950	3.64%
交通费　合计	1 300	1.20%
巴士	1 300	1.20%
衣服、美发　合计	3 168	2.92%
头发保养	3 168	2.92%
健康、医疗　合计	5 410	4.99%
医疗费	4 160	3.83%
药	1 250	1.15%
煤气水电费　合计	11 894	10.96%
电费	9 083	8.37%
税费	2 811	2.59%
通信费　合计	3 763	3.47%
手机	440	0.41%
网络	3 113	2.87%
快递	210	0.19%
住宅　合计	28 885	26.62%
单月固定资产税	10 925	10.07%
管理费、维修基金	17 960	16.55%
保险　合计	10 000	9.22%
个人年金	10 000	9.22%

记账簿已经记录了很多年，每月都在日志中公开。日志的收入，跟中学生的零花钱差不多。不是为了攒钱，主要目的还是逼着自己好好规划生活。

relaxing time

我的治愈时间

在自家阳台上也能
找到野餐的心情。

每月规定会有几次野餐，人过中年也能交到新朋友

　　"最喜欢的事情就是去独自野餐。因为一些原因不能独自出门旅行，只好换种方法来讨好自己。没想到，我很快就迷上了野餐。本来就喜欢一个人的生活。2021 年自己出门野餐了 26 次。野餐用品是一点点凑齐的，现在有一套户外野餐的装备和一套露营的装备。明明是勤俭持家的生活，但帐篷就花了差不多 9 万日元。"接受小伙伴的邀请，跟大家一起去过 600km 以外的富士山山麓露营。"本来是为了享受一个人的生活才开始野餐，没想到这个年纪反倒交了这么多朋友。今后的梦想之地是北海道和冲绳。想想今后还有那么多想做的事，那么多想去的地方，不禁心潮澎湃。"

关于健康

通过每周几次的健身
来积极调养身体

坚持定期在家进行锻炼。在动感单车上出出
汗，在改善血液循环的同时还能消除疲劳，
这是一种积极的调养方法。除此之外，还在
网络上找一些可以在家练习的视频来跟练。
上下班路上，还有单程 30 分钟的步行时间。
通过这些实践，肩膀僵硬、身体倦怠、容易
疲劳的情况得到了大幅度改善。

用 App 轻松进行睡眠管理

重视睡眠，为了保持身体健康，也为
了保证白天的工作效率。平时使用
App 记录睡眠状态。觉得在深度睡眠
之后，工作时的专注力和思考能力都
会提高。因为饭局回家晚的时候，不
管多想看看社交网络放松一下，都要
保证 23：30 准时睡觉。

one's own house

Haru 女士的故事

年龄：40 多岁
职业：公司职员（销售、事务）、
　　　个体小商户（网店运营）
家人：儿子（21 岁）、女儿（17 岁）
住所：独门独院住宅

work

我和工作

公司职员及副业，
享受不同的乐趣。

从兼职员工变为正式员工，开始在家从事副业

　　Haru 女士在 8 年前入职了这家公司，开始的时候从事短时间的兼职工作。"顺利地从兼职员工升级为正式员工。因为可以自行决定负责的业务内容，所以工作起来很有满足感。当然，也有与之匹配的责任感。说到为什么能在一家公司里工作这么长的时间，那是因为良好的人际关系。如果职场氛围不对，我会立即辞职。我自己认为，选择压力小的工作环境很重要。"大概一年前开始，我启动了网店运营的副业。将来的目标是把这个副业变成自己的主业，但现在还不能放弃只有受雇于人才能享受的待遇。如果没有特别的契机，未来的一段时间还是想保持现有的工作方式。

工作，到此为止和从此之后

我有两台电脑，一台是公司配发，一台是私人所有。两台不同颜色的电脑款式一致，看起来整洁清爽。40多岁的时候有过住院和手术的经历。忙碌的时候偶尔点外卖，也会在外面吃，除此之外，大多数时候都在家自己做饭。餐桌上每天都会有沙拉和蔬菜汤。

孩子能放手以后开始从事兼职工作，离婚后转为正式员工

高中毕业以后，打工过一段时间，后来结婚生子。当时照顾孩子优先于一切。"在网上销售手工作品，赚点零花钱。小女儿上小学以后，开始做兼职。当开始考虑离婚事宜的时候，正巧转为了全职钟点工。在离婚之际，又变成了正式员工。经济来源的变化与离婚后的生活无缝衔接，还是非常幸运的。"

工作，属于获取首要收入来源的手段，也是感知自我存在价值的方法。"我的工作属于那种不能远程操作的工作。虽然以前经常加班，但员工人数增加后基本上可以按时回家了。我空闲时间多起来，就不由自主地着手准备自己的副业。"

开始做副业

从短视频上看到的新知识,不会就此放下,而是通过阅读更多的书来进行补充。现在正在阅读胜友美先生的著作。

住院后为了进行健康管理,购买了 Apple Watch。

每天接收的快递,都是进货的商业素材。

休息日的时候,用 5 个小时的时间来操持副业。副业的收入都存了起来,准备用来今后扩大业务。

在短视频中学习创业知识

选择了一项不会影响主业,在休息时间就能完成的副业。"因为经济基础薄弱,决定把创业基地就设在家里,同时尽量不做设备投资。因为从商品选材、保管到运营,这个过程跟主业的工作内容完全不一样,所以能体会到别样的快乐。不用对别人言听计从,自己怎么开心怎么来,这是个特别大的优势。"有事要从国外进货,不会英语的 Haru 女士只能借助翻译软件。如果有其他需要技能提升的事情,也统统在短视频上找答案。"观看成功创业人士的视频,参考他们的思维方式。因为讲座要花钱,上网查找要花时间……短视频正合我意。"

生活中珍视的东西

大爱的餐桌。

购买了新床和新床垫，休息日可以睡午觉。

女儿做的咖喱饭。有时候
会一起做饭。

从零开始种植庭院里的草坪和绿植。最近
购买了玄关柜，然后自己重新喷了漆。DIY
以后跟家里的整体风格更加协调。

离婚后重新买了自己的房子，装饰家居的过程很欢乐

　　工作之余，我还会分配一些时间来养护新家和家里的绿植。"例
如慢慢地整理庭院，或者把家里打扫得一尘不染。离婚以后，40多岁
才重新买了一栋有院子的新建独门独院住宅。孩子们上高中之前，因
为学区的关系一直住在出租屋里。从学区的束缚中解脱出来以后，认
真思考过是否要就这样交一辈子房租？后来听从内心的声音，下定决
心自己买房子！平时总是睡眠不足，而且以前住的地方噪声很大，所
以这次装修的时候很精心地布置了卧室。现在总算能呼呼大睡了，生
活越来越美好。"

09

Cheeeee
女士的故事

年龄：50 多岁
职业：公司职员（钟点工）
居住方式：独居
住所：公寓
日志："live happily every day"

work

我和工作

房贷还完后就离职。
今后想要从事服装制作的工作。

把过往的经验全部应用在了工作中

　　Cheeeee 女士在一家服装物流公司工作，主要的工作内容是缝纫。"8 年前入职，当时的身份是派遣员工。后来转为合同工，最后在 45 岁的时候成了正式员工。其实公司规定，录用的正式员工不可以超过 35 岁。因为离婚以后必须要把生活来源放在首位来考虑，只是想着就算合同工也能享受公司福利，还多少有一些奖金，所以一直做了下来。当公司给了我转正的机会时，真的很开心。毕竟自己的工作得到了认可。"

　　现在的工作，可以说把过去的经验发挥到了极致。"以前因为感兴趣学会的事情，也能在工作中发挥作用。就算没有直接的关联，也间接地成就了现在的自己。我相信，这些人生经验今后也一定能让我受益匪浅。"

工作，到此为止和从此之后

| 到此为止 |

从做大型道具到自由职业，经验覆盖了各种行业

　　毕业于服饰专门学校，做过各式各样的职业。"做过一年电视和舞台的大型道具。之后一边工作一边在夜大读书，毕业后跳槽到制作小样的缝纫公司，但很久没有工作，因为搬家，就在旅馆里打了一段时间的工。"结婚以后，成了自由职业者，承接一些私人定制的缝纫和手工制作的订单。其间还兼职做了公寓管理员的工作。离婚以后回到老家，开始做派遣的工作。经历了几家不同的公司以后，在这里稳定了下来。

坐电车通勤，单程时间差不多 15 分钟，这段时间正好用来读书。正是因为坐车上下班，才能给自己留出充电和休息的缓冲时间，无论遇到什么不开心的事情，都能在短时间平静下来。计划退休后重新开始在网上接受私人定制的订单，所以已经开始着手学习网络知识了。我有两台缝纫机，其中一台从上学的时候开始一直用到现在。

| 从此之后 |

成为正式员工后待遇得以改善，力争结清贷款后退休

　　成为梦寐以求的正式员工时，跟新入职的应届毕业生一起参加了员工培训。"年龄方面没什么优势，但这段经历是我宝贵的财富。"在收入方面，每个月的收入都很稳定。"就连奖金的金额，也跟之前合同工时代完全不一样了。托这份工作的福，我也买了自己的房子。下一个目标是早点还完房贷。只要房贷结清了，就算没到年纪我也会退休。退休以后，我想重新开始接受服装私人定制的订单。"

生活和金钱

购买了公寓以后，终于缓解了对老年生活的不安

以前住在租赁公寓的时候，Cheeeee 女士总是对老了以后的居住问题感到担忧。"总是担心老了以后没地方住，想想就担心得不行。朋友买了房子以后，我终于下定决心自己也要买房子。本来觉得自己肯定不行，但是问了才知道，只要不挑剔到车站的距离和房龄，努努力也能实现。每月的房贷，比之前租房子的时候高 2.5 万日元。但是这样一来就消除了自己的担忧，还远离了隔壁的噪声。如此一来，老了以后就不用担忧了。"

家庭支出精确到 1 日元，奖金全都存起来

为了尽早结清房贷，要认真管理自己的家庭支出。"午饭自己带便当。开了专用的存款账户，存起来的钱绝对不会取出来用。奖金全都存起来，每月盈余的生活费也尽量存进银行。家庭支出都手写记录在家计簿里，每月月底统一录入 Excel 里。我要求自己每一分钱都要来去分明。"我还在考虑，从几岁开始领取年金比较合适。

我的治愈时间

周末早早就开始在家自斟自饮

搬到现在这个公寓以后，就特别喜欢在家的时光。每逢周末，天还没黑就开始
悠闲地泡澡，然后做点美食自斟自饮。要是住在外面的孩子回家来一起吃饭，
那可就太幸福了。

一个投影仪就实现了
天花板私人影院

这是送给自己的圣诞礼物。躺在床上就能看视
频。画面够大，没什么压迫感，而且不会像拿
着手机那样肩颈疲惫。

在超市买物美价廉的
鲜花取悦自己

在家悠闲度日的时光里，鲜花起到了很重要的
作用。虽说如此，但也完全不用光顾高端的花
店。超市物美价廉的花就完全可以治愈自己。
买回应季的鲜花，自己在家随意摆放。

10

Lica 女士的故事

年龄：50 多岁
职业：公司职员（金融机构）
居住方式：独居
住所：自由别墅

work

我和工作

现在的工作要做到退休。
趁现在慢慢考虑退休以后要做什么。

按照日历休息，这样更容易制定计划

　　1994 年，Lica 女士从学校毕业后进入现在这家金融机构，工作至今。"工龄快有 30 年了，这份工作让我遇到了很多人，学到了很多事情，值得珍惜。"

　　现在的工作内容是窗口业务。"没有加班。按照日历休息，所以可以自由安排自己的生活。劳动方式改革发展到现在，请年假的时候没什么负担。每月都会休 1 天年假，逛逛咖啡店，心情很舒畅。"

　　当然，工作不可能只有快乐。但是"为了成长，为了让人生更丰富，还是应该工作。这份工作给了我很多成就感，今后也想坚持工作"。

工作，到此为止和从此之后

| 到此为止 |

毕业即入职，转瞬之间的 30 年

入职之后做过很多不同的工作，现在负责窗口业务等书面工作。会议和培训都可以在线参加，没什么外出的机会。"这几年工作方面的 IT 化进展很快，有点担心自己跟不上时代的发展。"

| 从此之后 |

不畏惧变化，常备挑战的信心，退休后也想继续工作

为了跟上社会的变化，时刻告诉自己不要畏惧新鲜事物，要保持"不如就先试试看"的心态。"我 42 岁的时候，考取了理财规划师的资格。它对工作肯定有帮助，对自己老了以后的生活规划也有用。"关于老了以后的生活，首先是已经决定好要工作到正常退休。如果可以的话，我退休后还想继续工作。但是这份工作已经做了太长的时间，目前不清楚自己还能做点什么。打算从现在开始认真思考一下。

生活和金钱

完善家庭软装。

小家不大，原则是尽量简约，只用真心喜爱的物品保证正常生活。如果有什么想要的东西，一定在实体店选购。此前购买过长野三久工艺的藤编篮子、青森 HIBA 的浴盆盖、秋田竹艺的竹皮容器。

盖了一栋小房子，想用投资赚回养老基金

　　Lica 女士是从 45 岁以后开始感觉到自己在慢慢变老的。"当我意识到，可能这辈子都不会结婚，会一直这样生活下去的时候，不禁开始担忧将来拿退休金生活的时候怎么付房租。如果马上开始筹划，可能还来得及还完房贷，所以就开始计划自己盖房子。"

　　我找到了一小块土地，可是价格远超预算，这着实为难了一番。最后，我还是免费使用了爸妈家的土地，在这里盖了一栋理想中的小屋。初期投资很贵，但好在这样的房子后期不需要太多修缮费用。"目前，在偿还房贷之余，还在其他渠道分别做了散户的信托投资。剩下的钱，就都是生活费了。"

我的治愈时间

专注于打理庭院，这是我毕生的工作

为了削减建筑预算，当时决定自己打造庭院。没什么植物栽培的知识，只好从头开始学习。不需要多么整洁，力求优美自然即可，一路走来边错边改。上年种下了橄榄树和扫帚菜（ *kochia scoparia* ），眼看着它们日渐茁壮。今年计划接着种植新品种。希望每个季节都有生机勃勃的景象。

在周五下班路上的咖啡店小憩

这是努力工作之后的自我褒奖。每周结束后，在每个周五下班的路上，都会到喜欢的咖啡店给自己打打气。逛咖啡店，是我一直以来的爱好之一。我在家也会喝咖啡，吃甜点。远眺自家院子，也是一种犒劳，能让心灵从工作中解脱出来。只有好好休息，才能努力工作。

MAO 女士的故事

11

年龄：50 多岁
职业：公司职员（事务）
居住方式：独居
住所：公寓

work

我和工作

过去曾考虑过提前退休。
多亏了远程办公才坚持到现在。

犹犹豫豫地工作了 40 年，终于在远程办公以后找回了舒适的生活

高中毕业后，MAO 女士一直在制造业大厂工作。新冠感染发生以后，基本上都是在家远程办公。在现在的工作形式当中，没什么所谓的核心时间，超级灵活。能在家工作，生活舒适了很多。工作，不过就是谋生的手段吗？

好几次想过辞职不干了。但是不想因为"不喜欢"而离职。如果有想做的事情，倒是可以考虑跳槽，但如果只因为不满就离职，就是逃避了。如果这样，跳了槽也于事无补。我一直这么告诫着自己，工作中就算有压力也要尽力克服。估计这也是 40 年工龄培养出来的一种能力。

工作，到此为止和从此之后

做了 24 年系统工程，之后调整了好几次工作内容

我入职以后，进入了信息系统部门，之后很快就被分配到了分公司。开始的 24 年里，我一直担任系统工程师。对于不善数理的我来说，工作就是痛苦本身。永远忙碌，永远不分昼夜地接收公司的各种消息。有好几次都想离职了，不过一直没找到其他想做的事情，所以一直就做了下来。所幸跟同事们相处得很愉快，才幸免没有罹患心理疾病。对于我个人来说，这样的情况要比在人际关系恶劣的环境里做喜欢的工作要幸福很多。在漫长的职场生活中，我还经历了结婚和离婚，然后又经历了爱犬小茉莉病死，后来在公司总部和分公司之间反复轮换至今。

以前买了很多不同季节的通勤服饰，但现在希望自己"扔一件才能买一件"。通勤的时候随身携带笔记本电脑，为了减少身体负担，最近刚刚购买了双肩帆布包。

20 多年来，始终保持记录手账的习惯。今年还特意订购了自己喜欢的款式。分门别类地进行记录，尽量避免生活细节都集中在智能手机里。乘坐电车的时候，使用实体卡。

101

劳动方式改革后待遇随之改善，
应该可以一直工作到退休

　　2 年前，MAO 女士曾经考虑过提前退休的事情。有自己体力方面的原因，另外也不想总把爱犬自己扔在家。受雇于公司，又要同时兼顾宠物，这个尖锐的矛盾必须得缓解一下才行。好在远程办公的发展迅速，公司的工作方式也在不断改革，今后大多数时间都能在家办公了，所以就重新计划了一下。既能确保家庭收入，还能长时间在家，这不就是理想的工作风格嘛。貌似可以一直工作到 65 岁退休。"之后想要找一份每周工作几次的兼职。其他时间去做帮警犬寻找领养家庭的志愿者。"

生活和金钱

花钱原则

- 用 1 个月的薪水过 52 天
- 每月固定存款 2 万日元
- 如果用了信用卡，务必预留还款用的现金

退休金应该可以应付养老生活

　　生活开销方面，我倡导细水长流的模式。精打细算地过日子，全年差不多可以攒下 5 个月的工资。这部分的钱，除了用来支付固定资产税以外，还可以用来支付爱犬的医疗费，更新大型家电和家具，算下来还是比较安心的。虽然提前做了储蓄计划，但今后基本上会用退休金来养老。

我的治愈时间

以爱犬为核心的生活方式

2019 年，我重新养了一只小狗。跟最爱的小茉莉的犬种一样，性别也一样，但是性格不同。名字叫作 Stella，因为黝黑的毛色让人联想到夜空中的星星，就用意大利语中的星星一词给它命名了。Stella 非常喜欢抱抱。只要它在我身边，我就能得到治愈。在常年更新的博客中，经常会出现跟 Stella 一起玩耍的画面。

12

Coyuki
女士的故事

年龄：50 多岁
职业：整理收纳咨询师
居住方式：独居（女儿已经独立）
住所：租赁公寓
日志："Little Home"

work

已经可以不再继续为家庭和谋生去工作了。
现在的工作节奏平稳而舒缓。

我和工作

工作方面有三大支柱，不苛求自己，舒畅地工作

　　从事整理收纳咨询师工作的 Coyuki 女士，现在依靠着三大支柱维持生计。"第一个是作为整理收纳咨询师，提供房间整理的服务。另一个是在朋友经营的公司做事务性工作。最后一个是在个人日志中获得收益。在自己擅长的领域工作，保证了自身的生活，这是我引以为傲的事情。虽然有几个不同的工作，但安排时间计划的时候不会苛求自己，所以内心仍然保持着自由的感觉。"

　　离婚以后，开始了随心所欲的生活。孩子已经长大了，工作是为了保证生活必需的经济基础。"我觉得与其不顾一切地工作，不如按照自己的节奏来安排工作和生活。我更享受那种能够与他人交流，能给自己选择空间的工作。"

工作，到此为止和从此之后

生子后不断跳槽，为了养育女儿每日辛勤工作

我毕业后进入一个化妆品厂家工作。结婚、生子之后自然而然地就离职了。"生了女儿后，辗转了几家公司，一直从事事务性工作。当时，全职工作的收入远比其他不利因素更重要。可是长时间的工作和人际关系让我身心俱疲，所以跳了好几次槽。离婚以后，进入了一家公司，随即在那里稳定了下来。当时女儿已经上中学了，给了我很多帮助，另外因为融洽的人际关系，所以一直在那里工作了 10 年的时间。原来长期的工作，是需要天时地利人和的。"

还想在整理收纳方面获得更多的经验，学习更多的知识

工作的时候，我考取了整理收纳咨询师的资格证。虽然公司允许员工操持副业，但还是因为某些情况，我选择了离职。"本来很好的职场环境慢慢改变了，与此同时妈妈的病情严重了起来。下这个决定并没怎么感到纠结，不过是根据当下的情况，听从了自己内心的声音。之后，情况自然而然地好转起来。朋友也来邀请我去帮忙做事务工作。"计划 60 岁之前都按部就班地积累经验。"所以还要去考必要的资格证，还得多看书、多见识才行。除此之外得掌握制作资料的技巧，这样才能提高工作效率。"

工作伴侣

工作用具尽量选择多功能物品

喜欢一目了然，所以尽量选择喜欢的颜色，这也能缓解工作时出现的压力。尽量选择多功能的物品，例如平时只有15cm，但是可以拉到30cm的格尺。

能随时读的电子书

电子书的体量轻便，操作简单，一下就提升了自己的阅读量。最重要的是无须藏书空间。喜欢的类型包括实用、生活、心理、哲学和历史。

在家喝咖啡，
都是从磨豆子开始的

虽然品不出细微的味道差异，但就是喜爱咖啡。磨豆子，浇热水，然后享受速溶咖啡所不具备的美味。上班的时候也会从家带咖啡。

装电脑的包包是两用的

看起来是单肩包，但也能变成双肩背。大小跟自己的身材正好匹配，横版造型，方便确认包中物品。这是一款梦中情"包"，方方面面都很理想。

生活和金钱

让生活所需的经济基础慢慢雄厚起来

现在的收入比例，差不多事务性工作的收入占 50%，整理收纳咨询和日志的收入占 50%。我会用 Excel 做家庭支出管理。最近刚刚开始使用借记卡，不会像信用卡那样不小心花冒，所以更加便于管理。同时，我也在慢慢积累养老金。到退休之前，都会持续存款。我最近刚刚开始学习理财知识，希望能让存款不断增加。

我的治愈时间

在摇曳的烛火和飘摇的香气中获得安宁

香氛精油是创造舒适环境的必需品之一。偏爱池田优子女士制作的香氛精油，时不时就要去商店采购。我想要专注于工作的时候，会使用葡萄柚和柠檬等精油。想要放松的时候，则会使用薰衣草或橙子等精油。

13

BORI
女士的故事

年龄：40 多岁
职业：公司职员
居住方式：独居
住所：租赁公寓

work

我和工作

虽然绕了点远，
但总算觅得安稳的职业和稳定收入。

维持正常生活的手段，想要保证私人时间

　　BORI 女士在三十几岁的时候入职了现在这家公司，之后一直工作至今。"我基本上都是在办公室工作，做些销售部门需要的报价书和合同等文件。"新冠感染大流行的时候大都在家远程办公，现在已经回到了公司的工作岗位上。

　　"我还是希望在有规章制度的地方工作，这应该是这份工作最理想的部分。希望自己的工作成绩能拿得出手。对于目前的工作来说，不追求加薪升职，只希望能保证自己的私人时间。工作嘛，不过是为了让自己过上正常生活的手段。让自己尽量别被压力打倒，别跟周围的人比较，别焦虑。我将来应该会一直工作。"

工作，到此为止和从此之后

| 到此为止 |

辞去地方公务员的工作，做过钟点工和派遣员工

高中毕业以后，我在老家当了公务员。4 年以后，觉得还是想从事跟美发相关的工作，就此离职。"去东京，在专门学校学了一年的美发。但求职经历不太顺利，毕业以后半年就重新回到了老家。当时招聘正式员工的地方很少，所以只好时而钟点工时而派遣员工地工作了 7 年，其间收入一直都不太稳定。马上 30 岁的时候，又再次选择前往东京。在亲戚的介绍下，进到了现在这家公司。"

| 从此之后 |

退休之前都维持现状，会一直从事跟生活直接相关的工作

现在的工作不需要什么特别的资格证书。BORI 女士认为，说是为了确保生活水平，但也应该提升工作能力为公司创造价值。"希望一直工作到退休，然后就做做跟生活密切相关的事情吧。过段时间应该开始准备资格考试了，觉得自己也应该考考资格证，为今后养老做打算了。"

通勤包必须是可以背在肩膀上的米棕色款式。现在这个是在百货商店买的，上班的时候偶尔带饭。通勤服装可以直接当作工作服，要求易于打理，同时兼顾活动性和整洁感。

工作伴侣

必须有一盏广域台灯

工作用的书桌必须保持整洁，这样就能随时开展工作了。台灯是我特别在意的。LED 的照明面积大，眼睛不易疲劳。光线可调节，根据需要选择日光、白光、暖光即可，非常方便。

日常使用的文具
均来自无印良品

办公室里的便笺、记事本、计算器都是在无印良品选购的。重要的事情随时写在小记事本上，整理总结以后就能为今后的工作提供必要的信息。有两个同款的计算器，家里一个，办公室一个。

手写手账，
便于回顾生活

爱用 CITTA 的手账。工作计划和私生活安排都记录在这一个本子里。在"要做的事"一页中做好计划，每 2 个月检查一次完成情况。回顾过去和展望未来，都是很有趣的事情。

生活中珍视的东西

整理好房间后上传日志，提高自己的积极性

　　BORI 女士住的房子，是一个房龄 49 年的古老公寓，它在 BORI 女士的手中摇身一变成了舒适的暖居。内装采用有温度的木质格调，颜色统一为充满清爽感的灰白色。我让家里、书桌旁和餐桌旁永远保持整洁的状态。至少在家里，希望生活能符合我的要求，而不是我勉为其难地去迎合生活。一味精打细算会让生活不快乐，所以我会在可控范围内严选一些喜欢的东西。本来就喜欢整理收纳，所以打扫卫生一点都不辛苦。每次打扫完房间，我都一定会把成果上传到日志。日志就是我的生活记录。希望我的琐碎日常生活，能给看客带去疗愈和力量。

14

To-mo-sep
女士的故事

年龄：40 多岁
职业：公司员工（营业事务）
居住方式：独居（孪生女儿已经独立）
住所：租赁公寓

从前工作是为了女儿们。
今后的人生是为了自己而活。

work

我和工作

工作是养育女儿们的手段，条件是尽量少加班

即将迎来 11 年工龄的 To-mo-sep 女士选择现在这份工作时，首要考虑的是尽量不要给孩子增加负担。"决定离婚的时候，选择进入这家公司。女儿们当时才 8 岁，我不能加班，因为必须要回家跟孩子们一起吃晚饭，这对我是最重要的事情。女儿们长大了，上大学以后就离开了家。但我还是几乎不加班。能早早回家，正是这份工作吸引我的地方之一。"

工作的日子，有时候顺利，有时候坎坷。"我告诉自己，离开公司的时候要忘掉一切。回家的路上都在想晚上要吃点什么，总之就是让自己的心情快乐起来。"

工作，到此为止和从此之后

女儿们上高中的时候，每天都给她们做便当。有时早起手忙脚乱，有时不知道哪里就出了问题，但每天都很开心，没什么后悔的地方。在网络里每天都记录着自己的便当，以后会成为美好的回忆吧。

| 到此为止 |

在需要工作到深夜的拍摄现场做了很多年，
因药店的产假太短而离职

　　回顾过往的人生，发现自己结婚生子前后的工作风格有了很大的变化。"大学毕业以后，进入了一个摄影棚工作。作为销售人员，需要在拍摄杂志和 CD 封皮的现场陪同。之后，跳槽去给在工作中认识的摄影师做经纪人。主要负责日程管理、采访的准备和陪同、通告安排等，这是一份自己很喜欢的工作。可是往往工作会持续到深夜，我觉得这样很难兼顾孩子，所以就辞职了。"结婚后自学了医疗事务的知识，并考取了资格证。在配方药房工作的时候发现怀了双胞胎。可是这里的产假只能请到 3 个月，无奈之下只好离职。

掏空储蓄做教育资金。
做好了在现在的公司工作到退休的心理准备

因为无论如何都要优先考虑照顾孩子的事情，所以跳槽到了一家IT 相关的大企业做钟点工，后来转为了合同工。"遗憾的是，这样一来加班时间变得很多，不能让女儿们的生活受到影响，所以只好再次离职。之后，决定离婚。这件事情已经对女儿的身心造成了影响，所以后来我无论如何都会从工作中抽身出来优先陪孩子。"

照顾孩子的事情告一段落以后，我又花了 4 年的时间负担远方女儿们的学费和生活费。"慢慢积攒下来的积蓄，一下子都花完了。今后只能尽可能减少开销。总觉得自己什么时候应该重操旧业，回到出版业去工作，但或许退休之前会一直在现在的公司工作吧。"

为了削减生活费，搬到了房租更便宜的公寓。只是新买了一个热水器。厨房比以前窄小一些，正在考虑如何摆放物品，以求整洁实用。

我的治愈时间

喜欢制作美食，喜欢打扫房间，喜欢普普通通的生活

慢慢做饭，慢慢品尝。To-mo-sep 女士说，她可以在打扫房间的过程中感受到幸福。"虽然房子比以前小了，但仍然可以拥有自己的舒适生活。对厨房情有独钟，跟女儿们一起用餐是无可替代的回忆。孩子们长大成人，还没完全适应这种状态。正好趁这次搬家的机会调整一下身心。回归久违的岁月静好，希望自己能乐在其中。"

女儿们的餐桌。她们回来的时候会向妈妈点菜，让妈妈眉开眼笑。自己在家的时候就用土锅焖饭。没有一起吃饭的人，都没什么做饭的积极性了，但好在现在可以不慌不忙地做给自己吃。

第 3 章

愿闻其详！40 岁以后的创业生涯

如何寻找属于自己的
工作方式

与"想做的事情"相比，
更应重视"可以做的事情"。
自己的武器，一定就在此前的工作和生活里。

当你困惑于"人生真的就这样了吗？"的时候，
创业是一个选项。
很多人可能觉得自己无法重新发起新的挑战，
但让我们听听专业人士对创业的一些总结和心得吧。

如果通过自己的力量获得了副业收入，
就已经是了不起的创业了

　　中山女士，是专门向成年女性提供创业支持的咨询师。四十几岁的年纪，刚好是开始思考今后人生意义的年纪。"孩子独立以后开始考虑做点什么的人，以前并不多。但最近兴起的居家办公，让很多人开始考虑如何在办公的同时做一些副业。当然，我这边接受的咨询件数也的确有所增加。在我的印象里，大多数人都是因为拥有了自己的时间，所以开始重新审视之前见怪不怪的工作方式。"

　　中山女士自己也一样。创业之前是一位地方公务员。"我想尝试一下自己的力量是不是在其他地方也能用得上。36 岁的时候离职。想要发光，想要成为对别人有用的人，当时的烦恼是不想就这样度过波澜不惊的余生。"

创业咨询师
中山 yuko 女士

履历：
生于 1972 年。在老家的政府工作过一段时间以后，前往美国学习，现在担任创业咨询师。图书《我决定，不放弃"我"》已经出版。

"所以我特别理解那些还在犹豫的在职女性的心情。但是，完全没必要因此感到焦虑。人生的转折点各不相同。就我个人而言，也是到了 43 岁才开始有所起色。而且跟我创业的时代相比，当下的机会和社会支持增加了不止一星半点。

说到创业，大家很可能联想到那种大规模企业的创业。"通过自己的力量获得副业收入，无论金额多少都是了不起的创业。可以一边继续在公司工作，一边想一想自己可以做什么。"

如果想创业，首先需要有哪些概念呢？

1

start a business

先不要考虑想做什么，从擅长的事情开始着手

很多人可能都在想"尝试自己喜欢的事情"。如果"喜欢的事情、想做的事情是已经能够做的事情"固然很好，但如果现阶段只有希望和憧憬，而无丝毫经验，那可是一件难于上青天的事情。只有对别人提供了帮助，方可获得收益。所以如果想要重新选择工作的方式，最佳捷径是找到自己现在已经拥有的武器。把这个作为今后的工作，建议大家在步入正轨以后再慢慢追加自己想做的事情。能用自己的哪个部分来谋生呢？不需要马上给出结论。例如，别人经常表扬你的事情是什么呢？别人向你请教的事情是什么呢？自己运作起来能给别人带去喜悦的是什么呢？越是平时没当回事儿的事情，越可能成为自己将来的职业。换句话说，没必要在自己不擅长的领域苦心经营。人的性格和志向很难发生变化。现阶段不想做的事情，大概率将来也不会喜欢。与其考虑如何克服困难，不如考虑如何发扬自己的优势来得靠谱一些。

 这样的情况中存在危险！

- 厌烦了现在的工作，想换个事情尝试一下
- 自己听了讲座以后大受感动，也想从事一样的工作
- 虽然不擅长这个领域，但是希望通过创业积累经验

2 可以从事副业吗？如果目前处于在职状态，要提前确认员工规定

目前，仍有公司不允许员工开展副业。请务必提前确认好自己公司的员工规定。不要偷偷摸摸地开始操作，最好大大方方地申请，得到批准后就可以安心了。就算公司不允许，也可以考虑一下继续保持在职状态还能做些什么。例如说，可以在工作之余学点新知识，或者通过提供免费服务的方式积攒经验。无论怎么说，这都是在受雇于某家公司、收入稳定的基础上才能实现的事情！当你创业的时候，这些都会成为宝贵的财富。

3 不要马上辞掉现在的工作，最初可以一心二用

开始创业的时候，没有必要急急忙忙地辞掉现在的工作。建议采用更稳妥的方法进行。因为只要有工作，就有固定的收入，这可以给我们带来非常强大的安心感。背水一战的勇气固然可贵，但是如果经济基础不牢固，恐怕会影响新工作的开展。创业进入正轨后，离职的时间完全可以由自己来掌控，但是大多数的人从副业获得的收益跟主业差不多。建议大家在自己心里设定数字标杆（收入和时间）。

如何找到适合自己的工作？

发现自己擅长的领域，踊跃发出信息进行尝试

烦恼于"自己什么都不会做"的人，可以先尝试着盘点一下自己的人生。首先可以仔细地把过往的人生写下来，多琐碎都行。"给人带去欢乐的事情，常被人请教的事情等。多小的事情都没关系。如果自己不清楚，可以问问身边的人，或许有意料之外的收获。也许对自己来说信手拈来的事情，正好是可以成为武装自己的武器。"

接下来的环节，可以尝试在社交网络上刷一下自己的存在感。"盘点人生和寻找武器都是很好的素材。除此以外，要是能在社交网络上参考他人的见解，很可能产生新的思路，碰撞出新的火花。重点在于，要在评论区跟大家进行互动。也就是说，要每天跟随大家的步伐。"

发现自己感兴趣的领域以后，可以尝试收集一下领军人物的信息。"尤为关键的是，寻找这个人成功之前发送的信息。如果只看光芒万丈的现状，会觉得特别有距离感。可现在的成功都是建立在过往的努力之上的。最重要的是，这段积累的时间里走过的路。"

接下来是相互组合的阶段。

"把自己有价值的想法和经验发布到社交网络上试水。这已经属于一种商业尝试了。在不断推送和沟通的过程中，会萌生新的创意。话虽如此，仅凭一己之力培育新创意可能不是一件简单的事情。如果困惑于如何有效使用时间，如何确定方向，可以及时借助咨询师的力量。"

找到适合自己的工作的4个步骤

步骤1

盘点人生

⬇

步骤2

开始行动

⬇

步骤3

找到领军人物

⬇

步骤4

思考从哪里入手，
把自己擅长的事情发展成职业

📢 没有时间的人可以借助专家的力量！

如何利用社交网络让事业步入正轨呢？

不要止步于结交伙伴，要从商业视角进行考虑

社交网络，是接受商业委托和拓展客户必要销售途径。"几乎所有的资源都是可以免费利用的，没道理不充分应用。如果哪些服务内容能让你眼前一亮，大胆去使用就好。如果不知道怎么用才好，推荐打开网页来搜索一下。"

关键点在于决定好后就全神贯注。如果想面面俱到，恐怕最终会一事无成。"先考虑一下如何能留住浏览者的目光，如何能增加粉丝人数，然后再认真撰写自己的个人介绍！明确这个账号的主要导向是什么，明确自己可以做的事情是什么。在商业世界里，数字很重要。如果曾经做过经理人，那么可以写经理人经验 15 年。如果从事化妆品销售，可以写服务对象超过 2000 人。这种通过数字量化的表达方式，可以体现出自己的经验值和专业性。年数、件数、时间、人数，什么都行。另外一点，就是一定要遵守当初设定好的更新时间。有时间的时候才更新，是没办法长期持续的。虽然说没必要每天更新，但如果决定了每周一三五的晚上 7 点更新，就一定要坚持下去。"

绝对不要在粉丝人数有所增加的时候疏忽大意。"那些成功的人，都是坚持下来的人。步入正轨以后，就是时候开始考虑下一个阶段了。既然平台是免费的，就存在着不计其数的竞争者。请大家在更新推送的过程中精进自己的技艺，探索自己的风格。"

明确目标，集中精力，努力增加粉丝人数！

📱 **重点1**

严格遵守推送时间

📱 **重点2**

成功初见端倪之际绝不能掉以轻心，关键在于坚持

📱 **重点3**

明确地陈述自己的意见

📱 **重点4**

在个人介绍中使用数字

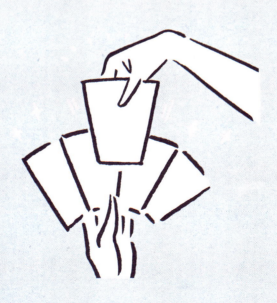

我也能创业？了解不同的创业模式！

案例1

变身为自由职业者的秘书

A 女士做了多年的公司职员，积累了很多事务处理经验。虽然有创业的意愿，但是相信自己更适合的职业并非在人前觥筹交错，而是在后方对他人进行支持。一边做钟点工，一边以自由职业者的身份开始为其他创业者提供秘书服务。慢慢地，秘书业务的委托越来越多，现在已经辞掉了钟点工的工作，把精力都集中在了秘书业务。

✎ **中山女士的想法**

大家似乎认为，事务性的办公室工作谁都能胜任。但是沟通事项、日程管理、文案写作都是了不起的技能。以后方支持的方式成功实现了创业。

案例2

从全职主妇变身为宠物寄养服务的行家

B 女士 22 岁结婚，之后成了全职主妇，过了一段以家庭为中心的生活。50 岁左右，开始对外提供宠物犬寄养的服务。照顾宠物犬的事情，对体力多少有些挑战。于是后来转而学习了网络知识和电脑技巧，把自己制作的动画教程"狗的饲养方法"上传到了网页上。这套教程非常契合现代生活的需要，第一版就获得了 30 万日元以上的收益。可谓大获成功。

✎ **中山女士的想法**

对 B 女士来说，照顾宠物犬的事情太费体力。但在不知不觉中掌握的经验里，萌生了新的工作创意。这是一个改变思路大获全胜的案例。

从化妆品销售员变身成为化妆师

C 女士之前在百货商店的化妆品卖场工作。因为先生的工作调任而离职，随即开始面向个人提供化妆教程。因为初来乍到，所以很长一段时间里顾客人数都寥寥无几。开始在网上授课以后，全国各地的订单接踵而至，最近，甚至在社交网络上接到了名人的造型委托。

 中山女士的想法

持续更新化妆前后的效果对比图，进一步提升了化妆师的专业价值。

案例 4

一边继续作为秘书开展工作，一边作为酒曲达人开展活动

D 女士在一个企业担任秘书。个人爱好制作酒曲，并想从事相关工作，因此考取了酒曲达人的资格证书。秘书的工作还在继续，刚刚开始尝试向个人讲解酒曲知识的讲座。今后可能会辞职，专心从事自己喜欢的事业，但现在还没有构思好创业的形式，需要继续摸索用什么来作为切入点。

中山女士的想法

也可以就用自己秘书的本职来创业，但摇身一变成为酒曲达人的情况可能更加精彩。不急于离职，两者兼顾慢慢思考的选择非常正确！

从什么时候开始呢？真的想要创业吗？

以"现在的工作方式，是否让自己在临终时感到遗憾"为终极判断的基准

创业的人有 4 种类型，选择适合自己的工作方式

"希望大家知道，所谓创业，并不是说一定要走到人前去做宣讲。创业完全也可以位居人后，成为对方的坚强后盾。"

创业的人大致有 4 种。首先是创业型的人，他们不在意接受众人的目光。其次是擅长协调沟通，但是很难迈出第一步的实力型选手。再次是可以位居人后，不卑不亢地持续履行秘书职责的秘书型人才。最后是擅长动手，有自己的追求，但是欠缺商业思维的专家型人才。每个人都有自己的优势和短板。如果创业的方向与自己的优势大相径庭，恐怕很难取得成就。

如果被公司挽留，可能正好是走向独立之路的信号

假设你是一位公司员工，因为无法轻松兼顾主业和副业，正在犹豫是否要辞职时，可以客观地审视一下上级和同事的反应。"可以跟大家聊聊辞职的念头，如果大家都劝你留下来，那么可以把大家的声音当作行动的信号。因为这意味着你在公司已经成了中坚力量。如果没有人挽留你，那恐怕自身还有成长的余地。如果在公司工作的时候没有给职场和周围带来帮助，那么独立创业带来的自负盈亏会是个很大的挑战。"

创业的时机和辞职的时间，全部都取决于自己的判断。人在走出舒适圈的时候，都会或多或少地感到不安和不适，这是人类趋利避害的本能导致的。但止步不前又能如何呢？自己不行动起来，一辈子都不能有所变化。如果你也想留给自己一段无怨无悔的人生经历，可以先给自己定一个用来做准备的缓冲期。到了缓冲期结束的时候，请一定要义无反顾地踏出第一步。